AF241003

MANUEL-THÉORIE

DE L'ARTILLEUR

DE LA

GARDE NATIONALE.

Propriété des Editeurs.

MANUEL-THÉORIE

DE L'ARTILLEUR

DE LA
GARDE NATIONALE

CONTENANT :

L'ÉCOLE DU CANONNIER A PIED,

LE MANI-MENT DES ARMES (MOUSQUETON OU SABRE),

L'ÉCOLE DE PELOTON A PIED,

La Manœuvre du Canon de 4, rayé, de campagne; du Canon de 12, rayé, de siége ; des Pièces de place et côte, et des Mortiers.

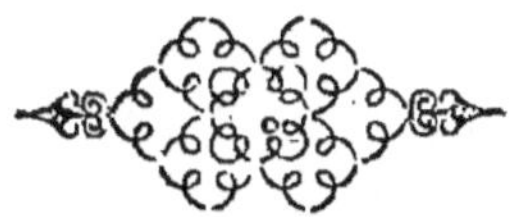

LIMOGES,
Eugène ARDANT et C. THIBAUT,
ÉDITEURS.

1871

MANUEL-THÉORIE

DE L'ARTILLEUR

DE LA GARDE NATIONALE.

ÉCOLE DU CANONNIER A PIED.

1. Cette école ayant pour objet l'instruction individuelle et progressive des recrues, l'instructeur ne fait jamais exécuter un mouvement avant d'en avoir donné l'explication littérale, et il exécute le mouvement qu'il commande, afin de joindre l'exemple au principe. Il accoutume l'homme de recrue à prendre de lui-même la position démontrée, ne le touche pour la rectifier que lorsque son défaut d'intelligence l'exige, et veille à ce que tous les mouvements soient exécutés avec calme et sans précipitation.

Chacun des mouvements doit être parfaitement compris avant de faire passer à un autre. Lorsqu'ils ont été bien exécutés, en suivant la série indiquée dans chaque leçon, l'instructeur ne s'astreint plus à cet ordre ; il doit, au contraire, l'intervertir, pour juger de l'intelligence des canonniers.

2. L'instructeur fait toujours reposer à la fin de chaque partie des leçons, et plus souvent s'il le juge nécessaire, surtout dans le commencement; à cet effet, il commande : REPOS.

Au commandement : REPOS, le canonnier n'est plus tenu à garder l'immobilité, ni à rester en place.

Si l'instructeur ne veut que soulager l'attention du canonnier, il commande : *en place* —REPOS; à la dernière partie du commandement, qui est REPOS, le canonnier n'est plus astreint à garder l'immobilité; mais il conserve toujours l'un ou l'autre pied en place.

3. Lorsque l'instructeur veut faire recommencer le travail, il commande : GARDE A VOUS.

A ce commandement, le canonnier prend sa position, l'immobilité, et fixe son attention.

PREMIÈRE LEÇON.

PREMIÈRE PARTIE.	DEUXIÈME PARTIE.
Position du canonnier à pied.	Pas ordinaire.
Tête droite, tête gauche.	Marquer le pas.
Demi-tour à droite.	Changer le pas.
Quart d'à droite.	A droite ou à gauche en marchant.
Quart d'à gauche.	Quart d'à droite ou quart d'à gauche en marchant.
	Pas accéléré.
	Pas en arrière.

PREMIÈRE PARTIE.

4. Les premiers principes de la position et ceux de la marche sont donnés, autant que possible, homme par homme, ou au plus à quatre canonniers à la fois. Dans ce dernier cas, ils sont placés sur la même ligne, à un mètre (3 pieds) l'un de l'autre, sans exiger qu'ils s'alignent entre eux. Le canonnier est en veste et bonnet de police.

POSITION DU CANONNIER A PIED.

5. Les talons sur la même ligne et rapprochés autant que la conformation de l'homme le permet;

Les pieds un peu moins ouverts que l'équerre, également tournés en-dehors;

Les jarrets tendus sans les roidir;

Le corps d'aplomb sur les hanches et un peu penché en avant;

Les épaules effacées et également tombantes;

Les coudes près du corps;

La paume de la main un peu tournée en-dehors, le petit doigt le long de la couture du pantalon;

La tête droite sans être gênée;

Le menton rapproché du col sans le couvrir;

Les yeux fixés droit devant soi.

Quand le canonnier est en armes, il a la main gauche pendante sur le côté, par-dessus le sabre.

6. *Les talons sur la même ligne* : parce que, s'il y en avait un plus reculé que l'autre, l'épaule du même côté serait en arrière.

Les pieds un peu moins ouverts que l'équerre : parce que, si les pieds étaient trop tournés en dehors, le haut du corps ne pourrait être porté en avant sans que la position devînt chancelante.

Egalement tournés en dehors : parce que, si un pied était plus en dehors que l'autre, l'épaule du même côté serait en arrière.

Les jarrets tendus sans les roidir : parce que, si l'homme les roidissait, il en résulterait de la gêne et de la fatigue.

Le corps d'aplomb sur les hanches : parce que c'est le seul moyen de donner à l'homme un parfait équilibre. (L'instructeur doit observer que la plupart des recrues ont la mauvaise habitude de pencher une épaule, de creuser un côté ou d'avancer une hanche.)

Le haut du corps un peu penché en avant : parce que les hommes de recrue ont l'habitude de creuser les reins, d'avancer le ventre et de renverser les épaules. Il est essentiel de prévenir ce vice de position ou de le détruire, car il met le canonnier hors de son aplomb. (Pour s'assurer qu'un canonnier a le haut du corps bien placé, il faut appuyer le doigt contre la poitrine ; si sa position est bonne, il résiste à la pression.)

Les épaules effacées : parce que si l'homme avait les épaules en avant et le dos voûté, défauts ordinaires de la plupart des recrues, il ne pourrait ni s'aligner, ni manier son ar-

me avec facilité. (Il faut observer soigneusement, en faisant effacer les épaules, de ne
pas les jeter trop en arrière, ce qui ferait
creuser les reins.)

*Les coudes près du corps et la paume de la
main un peu tournée en dehors :* parce qu'il
importe, soit pour la perfection du port d'armes, soit pour n'occuper dans le rang que
l'espace nécessaire au maniement des armes,
que le canonnier ait les coudes bien placés.
Cette position des coudes et des mains remplit l'un et l'autre objet, et a de plus l'avan-
tage de faire effacer les épaules.

La tête droite sans être gênée : parce que, si
elle penchait, elle ferait abaisser les épaules
du même côté, et que, s'il y avait de la roi-
deur, elle se communiquerait à toute la partie
supérieure du corps, dont elle gênerait les
mouvements.

Les yeux fixés droit devant soi : parce qu'en
tournant les yeux, on finit par tourner la tête
du même côté ; la tête directe étant le plus
sûr moyen de maintenir les épaules carrément, on ne peut trop s'attacher à donner
aux canonniers l'habitude de cette position.

TÊTE A DROITE, TÊTE A GAUCHE.

7. L'instructeur commande :
1. *Tête*—(à) DROITE.
2. FIXE.

A la dernière partie du premier commandement, qui est DROITE, tourner doucement la tête à droite, de manière que le coin de l'œil gauche, du côté du nez, corresponde à la ligne des boutons de la veste. Au commandement FIXE, replacer doucement la tête directe.

8. Le mouvement *tête à gauche* s'exécute suivant les mêmes principes, et par les moyens inverses, aux commandements :

1. *Tête*—(à) GAUCHE.

2. FIXE.

9. L'instructeur veille à ce que les mouvements de la tête n'entraînent pas les épaules, ce qui pourrait arriver si on brusquait le mouvement ou si on tournait la tête plus qu'il n'est indiqué.

Le canonnier ne devant tourner la tête que pour s'aligner et dans les mouvements de conversion, il importe de l'habituer à ne la tourner que fort peu.

A DROITE, A GAUCHE, DEMI-TOUR A DROITE, QUART D'A DROITE, QUART D'A GAUCHE.

10. L'instructeur commande :

1. *Canonnier à droite*, (ou *à gauche*.)

2. (à) DROITE (ou [à] GAUCHE.)

Un temps.

Au deuxième commandement, qui est DROITE (ou GAUCHE), soulever légèrement le pied droit, tourner sur le talon gauche en élevant un peu la pointe du pied, et replacer de suite le talon droit à côté du talon gauche et sur la même ligne.

11. CANONNIER, DEMI-TOUR—(à) DROITE.

Deux temps.

1. A la première partie du commandement, qui est CANONNIER, DEMI-TOUR, faire un *demi à droite*, sur le talon gauche, en portant le pied droit en équerre derrière le gauche, le cou-de-pied droit vis-à-vis et à huit centimètres (3 pouces) du talon.

2. A la dernière partie du commandement, qui est DROITE, tourner sur les deux talons pour faire face en arrière, en élevant un peu la pointe des pieds, les jarrets tendus, et rapporter le pied droit à côté du gauche.

12. 1. *Canonnier, oblique à droite (ou à gauche.)*

2. (à) DROITE (ou) [à] GAUCHE.)

Un temps.

Au deuxième commandement qui est DROITE (ou GAUCHE), soulever légèrement le pied droit, tourner sur le talon gauche, en élevant un peu la pointe du pied, et replacer de suite le talon droit à côté du gauche et sur la même ligne, ayant l'attention de n'exécuter qu'un *quart d'à droite* ou un *quart d'à gauche.*

13. L'instructeur exige que ces mouvements ne dérangent pas la position du corps.

DEUXIÈME PARTIE.

PAS ORDINAIRE.

14. La longueur du pas ordinaire est de soixante-cinq centimètres (2 pieds), me-

surés d'un talon à l'autre ; sa vitesse est de soixante-seize par minute.

15. Pour expliquer les principes et le mécanisme du pas, l'instructeur se place à huit ou dix pas en avant, faisant face au canonnier ; lui-même exécute lentement le pas.

Il commande :

1. *Canonnier, en avant.*

2. MARCHE.

Au commandement, *canonnier, en avant,* porter le poids du corps sur la jambe droite.

Au commandement MARCHE, porter vivement et sans secousse le pied gauche en avant, à deux tiers de mètre (2 pieds) du droit, le jarret tendu, la pointe du pied un peu baissée, légèrement tournée en-dehors ainsi que le genou, le haut du corps en avant ; marquer dans cette position un léger temps d'arrêt ; poser sans frapper le pied gauche à plat, précisément à la distance où il se trouve du pied droit, tout le poids du corps se portant sur le pied qui pose à terre ; passer vivement et sans secousse la jambe droite en avant, le pied près de terre ; le poser à la même distance et de la même manière qu'il vient d'être expliqué pour le pied gauche, et continuer de marcher sans que les jambes se croisent, sans que les épaules tournent, et la tête toujours directe.

16. *Le poids du corps sur la jambe droite :* pour disposer l'homme à faire plus vivement son premier pas.

La pointe du pied un peu baissée : parce que la pointe du pied baissée fait tendre le jarret et dispose le pied à poser à plat.

La pointe du pied légèrement tournée en de-

hors : parce que, si l'on tournait les pieds trop en dehors, le corps serait sujet à chanceler, et qu'on risquerait de s'accrocher avec les éperons.

Le haut du corps en avant : afin que le poids du corps se porte sur le pied qui pose à terre, que le pied qui est en arrière puisse se lever aisément, et que le pas ne soit pas raccourci.

Le jarret tendu : parce qu'une troupe ne pouvant, sans se gêner et se désunir, marcher comme si chaque homme était isolé, il est nécessaire que les canonniers de recrue apprennent à marcher un pas marqué et cadencé, sans quoi il n'y aurait pas d'ensemble.

Poser le pied à plat sans frapper : pour éviter le balancement du corps et le raccourcissement du pas, qui auraient lieu si le talon posait à terre le premier, ou si l'on frappait en posant le pied.

Le pied près de terre : parce que, si les canonniers levaient trop la jambe, ils perdraient du temps, se fatigueraient inutilement, et les pieds ne poseraient pas à terre en même temps.

La tête directe : parce que cette position de la tête empêche la tête de tourner, et fait que le canonnier marche carrément.

17. Pour arrêter, l'instructeur commande :

1. *Canonnier.*

2. HALTE.

Au commandement HALTE, rapporter le pied qui est en arrière à côté de l'autre, sans frapper.

L'instructeur fait le commandement HALTE à l'instant où l'un ou l'autre pied va poser à terre.

18. L'instructeur marque de temps en temps la cadence du pas par le commandement *un,* à l'instant où le canonnier lève le pied, et par celui *deux,* à l'instant où il doit le poser, en observant de régler cette cadence à raison de soixante-seize par minute. Pour juger si tous les principes sont exactement suivis, il se porte souvent à dix ou douze pas en avant, faisant face au canonnier. Quand celui-ci commence à bien soutenir le pas, on le fait marcher quelque temps sans l'arrêter, pour le confirmer dans ces principes.

MARQUER LE PAS.

19. Le canonnier étant en marche, l'instructeur commande :

1. *Marquez le pas.*

2. MARCHE.

Au commandement MARCHE, rapporter les talons l'un à côté de l'autre, et marquer la cadence du pas, en levant alternativement chacun des pieds sans avancer.

L'instructeur fait le commandement MARCHE à l'instant où le pied va poser à terre.

19. Pour reporter le canonnier en avant, l'instructeur commande :

1. *Canonnier, en avant.*

2. MARCHE.

Au commandement MARCHE, le canonnier reprend le pas de deux tiers de mètre (2 pieds).

L'instructeur fait le commandement MARCHE à l'instant où le pied va poser à terre.

CHANGER LE PAS.

20. Le canonnier étant en marche, l'instructeur commande :

1. *Changez le pas.*

2. MARCHE.

Au commandement MARCHE, rapporter à côté du pied qui est en avant celui qui est en arrière, et repartir du pied qui était en avant.

L'instructeur fait le commandement MARCHE à l'instant où le pied va poser à terre.

Par ce moyen on apprend au canonnier à reprendre le pas lorsqu'il l'a perdu.

A DROITE OU A GAUCHE EN MARCHANT.

21. Le canonnier étant en marche, l'instructeur commande :

1. *Canonnier, à droite* (ou *à gauche.*)
2. MARCHE.

Au commandement MARCHE, tourner le corps à droite dans la nouvelle direction, sans perdre la cadence du pas.

L'instructeur fait le commandement MAR-

CHE à l'instant où le pied gauche va poser à terre.

Quand c'est *à gauche*, le commandement MARCHE se fait au moment où le pied droit arrive à terre. Par ce moyen, le canonnier entame toujours la nouvelle direction avec la jambe du côté vers lequel il tourne.

QUART D'A DROITE OU QUART D'A GAUCHE EN MARCHANT.

22. Le canonnier étant en marche, l'instructeur commande :

    1. *Canonnier, oblique à droite* (ou *à gauche*.)

    2. MARCHE.

Au commandement MARCHE, le canonnier exécute un *quart d'à droite* (ou *d'à gauche*), et il se porte droit devant lui.

23. Pour faire reprendre la direction primitive, l'instructeur commande :

    En—AVANT.

A la dernière partie du commandement, qui est AVANT, le canonnier exécute un *quart d'à gauche* (ou un *quart d'à droite*) et se porte droit devant lui.

Le quart d'à droite ou le quart d'à gauche se commande et s'exécute suivant les principes prescrits n° 21.

PAS ACCÉLÉRÉ.

24. La longueur du pas accéléré est la mê-

me que celle du pas ordinaire, et sa vitesse est de cent dix par minute.

25. Le canonnier étant de pied ferme, l'instructeur commande :

1. *Canonnier, en avant.*
2. *Pas accéléré.*
3. MARCHE.

Au commandement MARCHE, partir vivement du pied gauche, et prendre le pas de cent dix par minute.

26. L'impulsion du pas accéléré disposant l'homme de recrue à ployer les jarrets et à raccourcir le pas, l'instructeur doit en régler la cadence et la mesure, et habituer le canonnier à conserver le corps d'aplomb.

27. Le canonnier est exercé, en marchant au pas accéléré, à arrêter, à marquer le pas, à faire des à droite, des à gauche, des quarts d'à gauche, et à se reporter en avant, aux commandements et suivant les principes prescrits n°s 14, 15, 16, 17, 18, 19, 20, 21, 22, et 23.

28. Le canonnier marchant au pas accéléré, pour le faire passer au pas ordinaire, l'instructeur commande :

1. *Pas ordinaire.*
2. MARCHE.

Au commandement MARCHE, le canonnier prend le pas ordinaire.

29. Pour faire reprendre le pas accéléré, l'instructeur commande :

1. *Pas accéléré.*

2. MARCHE.

Au commandement MARCHE, le canonnier reprend le pas accéléré.

30. Dans tous les changements de pas, l'instructeur commande MARCHE au moment où le pied va poser à terre, afin que le canonnier ait le temps de prendre de l'autre jambe le pas commandé.

PAS EN ARRIÈRE.

31. Le pas en arrière est de trente-trois centimètres (1 pied), mesurés d'un talon à l'autre.

32. Le canonnier étant de pied ferme, l'instructeur commande :

1. *Canonnier, en arrière.*

2. MARCHE.

Au commandement MARCHE, porter le pied gauche en arrière, à trente-trois centimètres (1 pied); retirer et porter le pied droit également en arrière, et continuer ainsi jusqu'au commandement :

1. *Canonnier.*

2. HALTE.

Au commandement HALTE, apporter le pied qui est en avant à côté de l'autre, sans frapper.

L'instructeur ne fait marcher en arrière que quelques pas seulement; il veille à ce que le canonnier se porte bien droit en arrière, ne creuse pas les reins en renversant les épaules, et conserve toujours l'aplomb et la position du corps.

DEUXIÈME LEÇON.

PREMIÈRE PARTIE.	DEUXIÈME PARTIE.
Principes du port d'armes. Travail de pied ferme au port d'armes, et marche au port d'armes.	Maniement des armes (mousqueton ou sabre). Charge en dix temps. Charge à volonté. Des feux. Position du premier rang. Position du second rang.

PREMIÈRE PARTIE.

Cette leçon est donnée, autant que possible, par homme ou au plus à quatre canonniers à la fois : dans ce dernier cas, ils sont placés sur un rang, à un mètre l'un de l'autre.

Les canonniers non montés, armés du mousqueton et du sabre-baïonnette, et les canonniers montés armés du sabre, sont en veste, bonnet de police et giberne (1).

PRINCIPES DU PORT D'ARMES.

33. L'arme dans le bras droit et au défaut de l'épaule, le canon d'aplomb, le pontet en avant, le bras légèrement ployé, sans écarter le coude, de manière que le bout du canon dépasse l'épaule de trois centimètres ; la main droite embrassant la platine, le

(1) Le tampon, fixé à la partie antérieure du pontet, sera sur la cheminée, et le sabre-baïonnette dans le fourreau. Au retour des manœuvres le tampon sera

pouce au-dessus du pontet, le premier doigt dessous, les autres sous le chien, la contre-platine sur la couture du pantalon; la main gauche, pendante sur le côté, maintenant le sabre.

Le canonnier de recrue étant sujet à porter le corps en arrière, à baisser l'épaule droite, ou à trop écarter le coude, il faut quelquefois lui ôter l'arme pour rectifier sa position.

TRAVAIL DE PIED FERME AU PORT D'ARMES, ET MARCHE AU PORT D'ARMES.

34. L'instructeur fait exécuter aux canonniers non montés les mouvements de la première leçon, en veillant à ce qu'ils conservent toujours la régularité du port d'armes.

Les canonniers montés exécutent les mouvements détaillés aux n°s 60, 61, 62, 63, 64, 65, 66 et 67, ensuite ils sont exercés, ayant le sabre à l'épaule, à tous les mouvements de la première leçon. L'instructeur veille à la régularité du port du sabre et à ce que la main gauche reste pendante sur le côté et maintienne le fourreau.

retiré, mis dans la giberne, et le chien à l'abattu. En principe général, le chien doit être au cran de sûreté lorsque l'arme est chargée, et à l'abattu dans le cas contraire.

Dans toute réunion en armes, les canonniers montés auront le sabre au crochet, la branche de la garde en arrière; ils l'y placeront de la manière suivante : Saisir le premier anneau en-dehors avec le pouce et les deux premiers doigts de la main gauche; ramener la branche de la garde en arrière en la passant près de la hanche, et engager l'anneau dans le crochet.

SECONDE PARTIE.

MANIEMENT DES ARMES.

35. L'exécution de chaque commandement ou partie de commandement forme un *temps* : ce *temps* se divise en *mouvements*, pour en démontrer le mécanisme et en faciliter l'exécution.

La dernière syllabe d'un commandement ou d'une partie de commandement décide l'exécution vive d'un *temps* d'exercice, ou du premier *mouvement* de ce *temps*, quand il est divisé. Les commandements *deux*, *trois*, etc., décident celle des autres *mouvements*.

Quand un *temps* ou *mouvement* n'a pas été exécuté correctement, l'instructeur commande : AU TEMPS ; à ce commandement, le canonnier reprend la position du *mouvement* précédent.

Dès que le canonnier connaît bien les *mouvements* d'un *temps*, on lui montre à les exécuter sans s'arrêter sur chacun ; mais il en observe le mécanisme, afin d'éviter les inconvénients de ce qu'on appelle *escamoter l'arme*.

L'instructeur porte une attention particulière à ce que le maniement des armes ne dérange pas la position du corps ; il n'emploie à cet exercice que la moitié du temps de la leçon, et le reste à la *marche*.

Quand on veut faire REPOS, on fait *mettre les armes à terre;* ce qui s'exécute comme il est prescrit nº 46. Pour les canonniers montés, on fait remettre le sabre.

Quand on veut faire *en place*—REPOS, on fait *reposer sur les armes;* si les armes sont chargées, on fait mettre *l'arme au bras.*

36. Le canonnier étant au *port d'armes,* le tampon sur la cheminée, le chien à l'abattu et le sabre-baïonnette dans le fourreau, l'instructeur commande :

Reposez-vous—(SUR VOS) ARMES.
Un temps, trois mouvements.

1. A la dernière partie du commandement, qui est ARMES, détacher l'arme avec la main droite verticalement et à onze centimètres de l'épaule ; la saisir en même temps de la main gauche à l'embouchoir.

2. Saisir l'arme avec la main droite, à huit centimètres au-dessus de la main gauche.

3. Abandonner l'arme de la main gauche, qui se place vivement sur le côté; allonger le bras droit; laisser glisser l'arme dans la main droite, jusqu'à terre, sans frapper, le talon de la crosse à cinq centimètres et à hauteur de la pointe du pied droit, le coude près du corps, le canon entre le pouce et les trois premiers doigts allongés, le petit doigt derrière le canon.

Portez—(VOS) ARMES.
Un temps, trois mouvements.

37. 1. A la dernière partie du commandement, qui est ARMES, élever l'arme avec la main droite verticalement et à onze centimètres de l'épaule; saisir l'arme de la main gauche à l'embouchoir.

2. Descendre la main droite, la placer à la platine, le pouce au-dessus du pontet, le premier doigt dessous, les autres sous le chien.

3. Appuyer l'arme à l'épaule avec la main droite, et replacer vivement la main gauche sur le côté.

Présentez—(VOS) ARMES.

Un temps.

38. A la dernière partie du commandement, qui est ARMES, élever l'arme avec la main droite vis-à-vis le milieu du corps, le canon d'aplomb, le pontet en avant, l'avant-bras collé au corps sans être gêné; saisir l'arme de la main gauche, au-dessus et contre le devant du corps de platine, le pouce allongé sur le bois, le poignet à hauteur du coude; la main droite quittant alors la platine, saisir la poignée, les doigts allongés.

Portez—(VOS) ARMES.

Un temps.

39. A la dernière partie du commandement, qui est ARMES, placer la main droite à la platine; rapporter l'arme avec la main droite contre l'épaule, le canon d'aplomb, et replacer en même temps la main gauche sur le côté.

L'arme—(au) BRAS.

Un temps, quatre mouvements.

40. 1. A la dernière partie du commandement, qui est BRAS, détacher l'arme avec la main droite verticalement et à onze centimètres de l'épaule, la saisir en même temps de la main gauche à l'embouchoir.

2. Elever l'arme avec les deux mains, en la tournant le canon en avant, pour la placer vis-à-vis le défaut de l'épaule gauche, la main gauche à hauteur du col, le pouce allongé, la main droite glissant jusqu'à

la naissance de la crosse, dont le plat s'appuie à la hanche.

3. Placer l'avant-bras gauche sur la poitrine, le chien appuyé sur l'avant-bras, la main à plat sur le teton droit, les doigts joints, le pouce détaché.

4. Replacer vivement la main droite sur le côté.

Portez—(VOS) ARMES.

Un temps, quatre mouvements.

41. 1. A la dernière partie du commandement, qui est ARMES, saisir l'arme de la main droite à la naissance de la crosse.

2. Détacher l'arme à onze centimètres de l'épaule; placer la main gauche à l'embouchoir, le pouce allongé, l'avant-bras contre la platine.

3. Descendre l'arme avec les deux mains, en tournant le pontet en avant; la porter verticalement vis-à-vis et à onze centimètres de l'épaule droite, la main gauche un peu au-dessus de la hanche droite, la maiu droite se replaçant à la platine.

4. Appuyer l'arme à l'épaule, avec la main droite, et replacer vivement la main gauche sur le côté.

L'arme sur l'épaule—DROITE.

Un temps, trois mouvements.

42. A la dernière partie du commandement, qui est DROITE, détacher l'arme avec la main droite verticalement et à onze centimètres de l'épaule, en l'élevant un peu; la saisir en même temps de la main gauche à la poignée.

2. Saisir l'arme de la main droite à la crosse, le bec de la crosse entre le premier et le troisième doigt.

3. Placer l'arme sur l'épaule droite, la platine en dehors, le bout du canon en l'air, dirigé en arrière à gauche, et replacer vivement la main gauche sur le côté.

Portez—(VOS) ARMES.

Un temps, trois mouvements.

43. 1. A la dernière partie du commandement, qui est ARMES, redresser l'arme avec la main droite, en la saisissant de la main gauche à la poignée, le pontet en avant.

2. Descendre l'arme verticalement, la main droite se replaçant à la platine.

3. Appuyer l'arme à l'épaule avec la main droite, en achevant de la descendre à la position du port d'armes, et replacer vivement la main gauche sur le côté.

L'arme sous le bras—DROIT.

Un temps, trois mouvements.

44. 1. A la dernière partie du commandement, qui est DROIT, détacher l'arme avec la main droite verticalement et à 11 centimètres de l'épaule, en l'élevant un peu ; la saisir en même temps de la main gauche à la poignée.

2. Saisir l'arme de la main droite, le petit doigt touchant le devant du corps de platine, le pouce allongé sur le bois.

3. Chasser la crosse sous le bras avec la main gauche, en tournant l'arme avec la main droite, le canon en-dessous, la platine au-dessus de la hanche, le bout du canon dirigé vers la terre ; replacer vivement la main gauche sur le côté.

Portez—(VOS) ARMES.

Un temps, trois mouvements.

45. 1. A la dernière partie du commandement, qui est ARMES, redresser l'arme avec la main droite, en la tournant le pontet en avant, la platine en-dehors, la main droite à hauteur du teton, le pouce allongé

sur le bois; la saisir de la main gauche à la poignée.

2. Replacer la main droite à la platine.

3. Descendre l'arme verticalement, l'appuyer à l'épaule avec la main droite, et replacer vivement la main gauche sur le côté.

Reposez-vous—(sur vos) ARMES.

Comme il est prescrit n° 36.

L'arme—(à) TERRE.

Un temps, deux mouvements.

46. 1. A la dernière partie du commandement, qui est TERRE, saisir le coin de la giberne de la main gauche; tourner l'arme avec la main droite, la contre-platine en avant, courber le corps, porter le talon gauche à soixante centimètres en avant de la pointe du pied droit, poser l'arme à terre, droit devant soi, le talon de la crosse restant à hauteur de la pointe du pied droit, le jarret droit un peu ployé, le talon droit levé.

2. Se relever, rapporter le pied gauche à côté du droit, et replacer les mains sur les côtés.

Relevez—(vos) ARMES.

Un temps, deux mouvements.

47. A la dernière partie du commandement, qui est ARMES, saisir le coin de la giberne de la main gauche; courber le corps, porter le talon gauche à soixante centimètres en avant de la pointe du pied droit.

2. Relever l'arme en rapportant le pied gauche à côté du droit, la tourner aussitôt avec la main droite, le pontet en avant, la main gauche se retirant sur le côté.

48. Le canonnier étant à la position de *présentez vos armes*, l'instructeur commande :

Genou—(à) TERRE.

Un temps.

A la dernière partie du commandement, qui est TERRE, porter le pied droit en arrière, en tournant un peu la pointe du pied gauche en-dedans ; mettre le genou droit à terre, à seize centimètres en arrière et à droite du talon gauche, l'avant-bras gauche appuyé sur la cuisse ; laisser glisser l'arme à terre sans frapper, et abandonner l'arme de la main droite, qui se place à la coiffure, le dessus de la main contre la visière, les doigts étendus et joints, le coude élevé.

Portez—(VOS) ARMES.

Deux temps.

49. 1. A la première partie du commandement, qui est PORTEZ, élever l'arme avec la main gauche ; la saisir de la main droite à la poignée ; se relever ; rapporter le pied droit à côté du gauche ; et reprendre la position de *présentez vos armes*.

2. A la dernière partie du commandement, qui est ARMES, porter les armes comme il est prescrit nº 39.

Baïonnette—(au) CANON.

Un temps, trois mouvements.

50. 1. A la dernière partie du commandement, qui est CANON, détacher l'arme avec la main droite verticalement et à onze centimètres de l'épaule, en la tournant la platine en avant ; la saisir en même temps de la main gauche à l'embouchoir.

2. Descendre l'arme avec la main gauche, en achevant de la tourner le canon en avant, la main droite abandonnant la platine, le pontet sur la cuisse droite,

le bout du canon vis-à-vis et à onze centimètres du milieu du corps; saisir l'arme de la main droite, à seize centimètres au-dessus de la main gauche, le coude et l'avant-bras appuyés au corps; porter la main gauche à la poignée du sabre-baïonnette, et la saisir à pleine main, les ongles en-dedans.

3. Tirez vivement le sabre, en élevant le bras; le porter vis-à-vis et à onze centimètres du milieu du corps, le tranchant à droite, la croisière à vingt-cinq centimètres au-dessus de la main droite; saisir la lame avec le pouce et le premier doigt de la main droite, les autres doigts maintenant le canon; renverser la main gauche et saisir la poignée, le pouce toujours en-dedans; élever la pointe de la lame en l'air en décrivant un demi-cercle, le tranchant en-dessus; mettre le sabre-baïonnette au canon, et saisir l'arme de la main gauche à l'embouchoir.

Portez—(VOS) ARMES.

Un temps, deux mouvements.

51. 1. A la dernière partie du commandement, qui est ARMES, porter l'arme vis-à-vis et à onze centimètres de l'épaule droite, en la tournant la platine en avant; replacer la main droite à la platine.

2. Appuyer l'arme à l'épaule avec la main droite, en achevant de la tourner le pontet en avant, et replacer vivement la main gauche sur le côté.

L'instructeur fait exécuter les mouvements détaillés nᵒˢ 36, 37, 38, 39, 40, 41, 42, 43, 46, 47, 48 et 49 avec le sabre-baïonnette au bout du canon.

52. Le canonnier étant au *port d'armes*, le sabre-baïonnette au canon, l'instructeur commande :

Croisez—(la) BAÏONNETTE.
Un temps, deux mouvements.

1. A la dernière partie du commandement, qui est
BAÏONNETTE, faire un demi à droite sur le talon gauche, en portant le pied droit en équerre derrière le
gauche, le cou-de-pied droit vis-à-vis et à huit centimètres du talon; détacher l'arme avec la main droite
verticalement et à onze centimètres de l'épaule, en
l'élevant un peu; la saisir en même temps de la main
gauche à l'embouchoir; porter la main droite à la
poignée.

2. Abattre vivement l'arme avec les deux mains,
le canon en-dessus, le pontet légèrement tourné en-
dehors, la main droite appuyée à la hanche, le coude
gauche près du corps, la pointe du sabre-baïonnette à
hauteur de l'œil.

(Les hommes du second rang auront soin que la
pointe de leur sabre-baïonnette ne touche pas leur
chef de file.)

Portez—(VOS) ARMES.
Un temps, deux mouvements.

53. 1. A la dernière partie du commandement, qui
est ARMES, redresser l'arme avec les deux mains verticalement et à onze centimètres de l'épaule, en revenant face en tête, la main gauche un peu au-dessus
de la hanche droite; replacer la main droite à la
platine.

2 Appuyer l'arme à l'épaule avec la main droite,
et replacer vivement la main gauche sur le côté.

Remettez—(la) BAÏONNETTE.
Un temps, trois mouvements.

54. 1. A la dernière partie du commandement, qui
est BAÏONNETTE, détacher l'arme avec la main droite
verticalement et à onze centimètres de l'épaule, en la

tournant la platine en avant; la saisir en même temps de la main gauche à l'embouchoir.

2. Descendre l'arme avec la main gauche, en achevant de la tourner le canon en avant, la main droite abondonnant la platine; le pontet sur la cuisse droite, le bout du canon vis-à-vis et à onze centimètres du milieu du corps; saisir l'arme de la main droite à seize centimètres au-dessus de la main gauche, le coude et l'avant-bras appuyés au corps; porter la main gauche à la poignée du sabre-baïonnette, le pouce en-dedans et allongé sur le plat de la poignée.

3. Faire effort avec le pouce de la main droite sur le bouton de ressort; ôter le sabre-baïonnette du canon; amener la pointe de la lame en bas, en décrivant un demi-cercle, le tranchant en-dessus; saisir la lame avec le pouce et le premier doigt de la main droite, les autres doigts maintenant le canon; retourner la main gauche et saisir la poignée à pleine main, les ongles en-dedans; remettre le sabre-baïonnette dans le fourreau, et replacer la main gauche à l'embouchoir.

Portez — (VOS) ARMES.

Un temps, deux mouvements.

55. Comme il est prescrit n° 51.

56. Pour faire mettre le mousqueton en bandoulière, l'instructeur fait ôter la baïonnette si elle est au canon; puis, le canonnier étant au port d'armes, il commande :

Mousqueton — (en) BANDOULIÈRE.

1. A la dernière partie du commandement, qui est BANDOULIÈRE, descendre l'arme; poser la crosse à terre vis-à-vis le corps, le pontet en avant; allonger la bretelle de toute sa longueur; passer l'arme par-

dessus la coiffure ; engager le bras droit entre la bretelle et la crosse, et placer le mousqueton diagonalement de l'épaule gauche à la hanche droite.

57. Pour revenir au port d'armes, l'instructeur commande :

Prenez—(le) MOUSQUETON.

A la dernière partie du commandement, qui est MOUSQUETON, saisir le canon avec la main gauche, en chassant la crosse en arrière avec la main droite ; passer l'arme par-dessus la coiffure ; la descendre ; poser la crosse à terre vis-à-vis le corps, le pontet en avant ; raccourcir la bretelle et se mettre au port d'armes.

58. Le canonnier étant à la position de *présentez vos armes*, l'instructeur commande :

Haut—(les) ARMES.

Un temps.

A la dernière partie du commandement, qui est ARMES, élever l'arme avec les deux mains, en la tournant la platine en avant, la main droite tenant toujours la poignée, la main gauche ouverte, les doigts allongés sur le bois à hauteur et à seize centimètres du col, les coudes abattus.

59. Pour faire rompre les rangs, l'instructeur commande :

1. *Rompez*—(VOS) RANGS.
2. MARCHE.

L'instructeur fait toujours remettre le sabre-baïonnette avant de faire rompre les rangs.

MANIEMENT DU SABRE.

Servants à cheval et conducteurs.	*Servants à pied.*

POSITION DU PREMIER RANG.

Sabre—(à la) MAIN.

Deux temps.

60. 1. A la première partie du commandement, qui est SABRE, incliner légèrement la tête à gauche, sans déranger la position; décrocher le sabre (1) et ramener la branche de la garde en avant avec la main gauche; engager le poignet droit dans le cordon, saisir le sabre à la poignée; dégager la lame du fourreau de 16 centimètres (6 pouces), en maintenant le fourreau contre la cuisse avec la main gauche, qui le tient au premier anneau, et replacer la tête directe.

60. 1. A la première partie du commandement, qui est SABRE, incliner légèrement la tête à gauche, sans déranger la position; saisir le sabre de la main droite, à la poignée; dégager la lame du fourreau d'environ 16 centimètres, en maintenant le fourreau contre la cuisse avec la main gauche, et replacer la tête directe.

(1) Pour décrocher le sabre, saisir le premier anneau en dedans avec le pouce et les deux premiers doigts de la main gauche, les autres doigts en dehors; dégager l'anneau du crochet et ramener la branche de la garde en avant, en la passant près de la hanche.

2. A la dernière partie du commandement, qui est MAIN, tirer vivement le sabre en élevant le bras de toute sa longueur; marquer un temps d'arrêt, le porter à l'épaule droite, le dos de la lame au défaut de l'épaule, le poignet appuyé à la hanche, le petit doigt en-dehors de la poignée, les autres fermés, le dos de la poignée d'aplomb avec le défaut de l'épaule; remettre le fourreau au crochet (1), la main gauche pendante sur le côté, maintenant le fourreau.

2. A la dernière partie du commandement, qui est MAIN, tirer vivement le sabre, en élevant le bras de toute sa longueur; marquer un temps d'arrêt; le porter à l'épaule droite, le dos de la lame au défaut de l'épaule, le poignet appuyé à la hanche, le petit doigt en-dehors de la poignée, les autres fermés, le dos de la poignée d'aplomb avec le défaut de l'épaule, la main gauche pendante sur le côté, maintenant le fourreau.

POSITION DU DEUXIÈME RANG.

Sabre—(à la) MAIN.

Deux temps.

61. 1. A la première partie du commandement, qui est SABRE, comme au premier temps du n° 60.

2. A la dernière partie du commandement, qui est MAIN, achever de sortir la lame du fourreau marquer un temps d'arrêt, la pointe en bas, ramener la monture vis-à-vis et à hauteur de l'épaule gauche; re-

61. 1. Comme au 1er temps du n° 60.

2. A la dernière partie du commandement, qui est MAIN, achever de sortir la lame du fourreau; marquer un temps d'arrêt, la pointe en bas; ramener la monture vis-à-vis et à hauteur de l'épaule gauche;

(1) On remet le fourreau au crochet comme le sabre. (Voyez la note page 19.)

tourner le poignet pour remonter la lame en croix le long du bras gauche; porter le sabre à l'épaule droite, le dos de la lame au défaut de l'épaule, le poignet appuyé à la hanche, le petit doigt en-dehors de la poignée, les autres fermés, le dos de la poignée d'aplomb avec le défaut de l'épaule; remettre le fourreau au crochet, la main gauche pendante sur le côté, maintenant le fourreau.

retourner le poignet pour remonter la lame en croix le long du bras gauche; porter le sabre à l'épaule droite, le dos de la lame au défaut de l'épaule, le poignet appuyé à la hanche, le petit doigt en-dehors de la poignée, les autres fermés, le dos de la poignée d'aplomb avec le défaut de l'épaule; la main gauche pendante sur le côté, maintenant le fourreau.

Présentez—(le) SABRE.

Un temps.

62. A la dernière partie du commandement, qui est SABRE, porter le sabre en avant, le bras demi-tendu, le pouce vis-à-vis et à seize centimètres (6 pouces) du col, la lame verticale, le pouce allongé sur le côté droit de la poignée, le petit doigt se réunissant aux trois autres.

62. Comme ci-contre.

Portez—(le) SABRE.

Un temps.

63. A la dernière partie du commandement, qui est SABRE, reporter le

63. Comme ci-contre.

sabre, le dos de la lame au défaut de l'épanle, le poignet appuyé à la hanche, le petit doigt en-dehors de la poignée, les autres fermés, le dos de la poignée d'aplomb avec le défaut de l'épaule.

POSITION DU PREMIER RANG.

Remettez—(le) SABRE.

Deux temps.

64. 1. A la première partie du commande-ment, qui est REMETTEZ, exécuter le mouvement de *présentez le sabre*, n° 62.

2. A la dernière partie du commandement, qui est SABRE, décrocher le fourreau (1); élever le poi-gnet, le bras tendu, bais-ser la lame, incliner légè-rement la tête à gauche, en fixant l'œil sur l'ouver-ture du fourreau; y re-mettre la lame, dégager le poignet du cordon, repla-cer la tête directe, remet-tre le sabre au crochet, la branche de la garde en arrière, les mains sur les côtés, la main gauche maintenant le sabre.

64. 1. Comme ci-contre.

2. A la dernière partie du commandement, qui est SABRE, élever le poi-gnet, le bras tendu, bais-ser la lame, saisir le four-reau avec la main gauche, incliner légèrement la tête à gauche, en fixant l'œil sur l'ouverture du fourreau; y remettre la lame, replacer la tête di-recte, les mains sur les côtés, la main gauche maintenant le sabre.

(1) On décroche le fourreau comme le sabre; voyez la note du n° 60.

POSITION DU DEUXIÈME RANG.

Remettez—(le) SABRE.

Deux temps.

65. 1. A la première partie du commandement, qui est REMETTEZ, exécuter le mouvement de *présentez le sabre,* n° 62.

2. A la dernière partie du commandement, qui est SABRE, décrocher le fourreau ; porter le poignet vis-à-vis et à seize centimètres (6 pouces) de l'épaule gauche ; baisser la lame et la passer en croix le long du bras gauche, la pointe en arrière ; incliner légèrement la tête à gauche, en fixant l'œil sur l'ouverture du fourreau ; y remettre la lame, dégager le poignet du cordon, replacer la tête directe ; remettre le sabre au crochet, la branche de la garde en arrière, les mains sur les côtés, la main gauche maintenant le sabre.

65. 1. Comme ci-contre.

2. A la dernière partie du commandement, qui est SABRE, porter le poignet vis-à-vis et à seize centimètres (6 pouces) de l'épaule gauche ; baisser la lame et la passer en croix le long du bras gauche, la pointe en arrière ; saisir le fourreau avec la main gauche, incliner légèrement la tête à gauche, en fixant l'œil sur l'ouverture du fourreau ; y remettre la lame ; replacer la tête directe, les mains sur les côtés, la main gauche maintenant le sabre.

66. Le canonnier étant à la position de *présentez le sabre,* l'instructeur commande :

Genou—(à) TERRE.

Un temps.

A la dernière partie du commandement, qui est TERRE, mettre le genou droit à terre, comme il est prescrit n° 48 ; baisser la pointe du sabre jusqu'à terre, le bras demi-tendu, les ongles en-dessus ; placer la main gauche à la coiffure.

Portez—(le) SABRE.

Deux temps.

67. 1. A la première partie du commandement, qui est PORTEZ, se relever, rapporter le pied droit à côté du gauche, et reprendre la position de *présentez le sabre*, n° 62.

2. A la dernière partie du commandement, qui est SABRE, porter le sabre à l'épaule, comme il est prescrit n° 63.

Comme ci-contre.

67. 1. Comme ci-contre.

2. Comme ci-contre.

CHARGE EN DIX TEMPS.

68. Le canonnier étant au port d'armes, l'instructeur commande :

1. *Charge en dix temps.*
2. *Chargez*—(vos) ARMES.

Un temps, deux mouvements.

1. A la dernière partie du deuxième commandement, qui est ARMES, faire un demi à droite sur le talon gauche, en portant le pied droit en équerre der-

rière le gauche, le cou-de-pied droit vis-à-vis et à huit centimètres du talon gauche ; détacher l'arme avec la main droite verticalement et à onze centimètres de l'épaule, en l'élevant un peu ; la saisir en même temps de la main gauche à hauteur du teton droit, le petit doigt touchant le devant du corps de platine, le pouce allongé sur le bois ; baisser le coude droit et saisir la poignée sans que le premier doigt quitte le pontet.

2. Chasser avec la main droite la crosse sous le bras, la poignée à cinq centimètres au-dessous du teton droit, le coude gauche collé au corps, le bout du canon à hauteur du menton, le pouce de la main droite contre la crête du chien au-dessus de la tête, les autres doigts embrassant la poignée de l'arme derrière le pontet, le coude légèrement levé.

2. *Découvrez*—(la) CHEMINÉE.
Un temps.

69. 1. A la dernière partie du commandement, qui est CHEMINÉE, faire effort avec le pouce sur la crête du chien, en rabattant le coude, les autres doigts servant d'appui ; mettre le chien au cran du bandé sans brusquerie, en faisant sonner distinctement les crans de la noix (1) ; porter la main droite à la poche aux capsules ; prendre une capsule entre le pouce et les deux premiers doigts, les autres fermés ; la porter près de la cheminée, les ongles en-dessus, le coude le long de la crosse.

3. AMORCEZ.
Un temps, trois mouvements.

70. 1. Au commandement AMORCEZ, baisser la tête ;

(1) Dans les exercices en blanc, soit des hommes de recrue, soit des premières classes, le tampon étant sur la cheminée, devra être enlevé aussitôt que le chien aura été mis au cran du bandé, avant de porter la main droite à la poche aux capsules.

fixer les yeux sur la cheminée, y placer la capsule en renversant la main, et l'assurer avec le pouce, porter le pouce contre la crête du chien au-dessus de la tête, le premier doigt sur la détente, les autres embrassant la poignée de l'arme, derrière le pontet.

2. Dégager avec le pouce le chien du cran du bandé; presser légèrement la détente avec le premier doigt; conduire le chien à l'abattu en le soutenant avec le pouce; placer le pouce derrière la crête du chien; appuyer fortement dessus pour assurer de nouveau la capsule et mettre le chien au cran de sûreté, en faisant sonner distinctement le cran de la noix.

3. Saisir l'arme de la main droite à la poignée, le coude en arrière et un peu détaché du corps.

4. L'arme—(à) GAUCHE.

Un temps, deux mouvements.

71. 1. A la dernière partie du commandement, qui est GAUCHE, redresser l'arme avec les deux mains en étendant vivement le bras droit; passer l'arme devant le corps en la tournant dans la main gauche, la platine en-dehors; faire en même temps face en tête, en tournant sur le talon gauche et portant le pied droit en avant, le talon à huit centimètres du cou-de-pied gauche.

2. Abandonner l'arme de la main droite; la descendre avec la main gauche le long et près du corps, l'avant-bras appuyé au-dessus de la hanche, la main gauche touchant le devant du corps de platine, le pontet sur la cuisse gauche, le bout du canon dans la direction de l'œil droit, à seize centimètres du corps; porter la main droite à la giberne et l'ouvrir.

5. Prenez—(la) CARTOUCHE.

Un temps.

72. A la dernière partie du commandement, qui

est CARTOUCHE, prendre une cartouche; la tenir entre le pouce et les deux premiers doigts, et la porter entre les dents.

6. *Déchirez*—(la) CARTOUCHE.

Un temps.

73. A la dernière partie du commandement, qui est CARTOUCHE, déchirer la cartouche jusqu'à la poudre; la descendre et la placer verticalement près de la bouche du canon.

7. *Cartouche*—(dans le) CANON.

Un temps.

74. A la dernière partie du commandement, qui est CANON, fixer l'œil sur le bout du canon; renverser la main droite vers le corps, en é'evant le coude à hauteur du poignet, et verser la poudre dans le canon; secouer la cartouche; la retourner en ramenant la paume de la main vers le corps; placer la balle dans le canon; l'enfoncer avec le pouce; déchirer le papier et saisir la baguette par le gros bout avec le pouce et le premier doigt, le poignet renversé.

8. *Tirez*—(la) BAGUETTE.

Un temps, deux mouvements.

75. 1. A la dernière partie du commandement, qui est BAGUETTE, dégager la baguette du canal jusqu'à la bouche du canon; glisser la main droite le long de la baguette; la saisir près de l'embouchoir; achever de la tirer, en allongeant vivement le bras droit; la saisir à pleine main; retourner le poignet; coiffer la balle avec la fraisure, et engager la baguette dans le canon jusqu'à la main.

2. Remonter la main droite, en glissant le pouce le long de la baguette, pour la saisir par le petit bout avec le pouce et le premier doigt ployé, les autres

fermés, et l'enfoncer jusqu'à ce que la balle touche la tige.

9. BOURREZ.

Un temps, deux mouvements.

76. 1. Au commandement BOURREZ, chasser la baguette quatre fois dans le canon (1), les doigts en dessous et fermés, le coude détaché du corps.

2. Tirer vivement la baguette; descendre la main droite, en glissant le pouce le long de la baguette pour la saisir par le milieu à pleine main; renverser le poignet; engager la baguette dans le canal; achever de l'enfoncer en plaçant la paume de la main sur le gros bout, et saisir le canon de la main droite à seize centimètres au-dessus de l'embouchoir, les ongles en-dedans (2).

(1) Le nombre des coups de baguette nécessaires pour forcer convenablement la balle, ne peut être indiqué d'une manière absolue; l'habitude du tir peut seule donner des règles, à cet égard, à chaque canonnier.

(2) Les mouvements des numéros 75 et 76 sont détaillés pour le cas où la charge s'exécute réellement; mais lorsqu'elle doit se faire en blanc, ce qui arrive dans les exercices des premières classes et dans l'instruction des hommes de recrue, la baguette ne doit jamais être introduite dans le canon, afin d'éviter des dégradations aux rayures, à la tige et à la fraisure de la tête de la baguette. L'instructeur devra donc modifier, ainsi qu'il suit, le détail de ces deux temps de la charge :

8. *Tirez*—(la) BAGUETTE.

Un temps.

75. A la dernière partie du commandement, qui est BAGUETTE, dégager la baguette du canal jusqu'à la bouche du canon; glisser la main droite le long de la baguette, la saisir près de l'embouchoir; achever de la tirer en allongeant vivement le bras, la saisir

10. *Portez—(VOS) ARMES.*

Un temps, deux mouvements.

77. 1. A la dernière partie du commandement, qui est ARMES, élever l'arme avec les deux mains, la porter verticalement vis-à-vis et à onze centimètres de l'épaule droite, en la tournant le pontet en avant, la main gauche à hauteur de la hanche; replacer la main droite à la platine et rapporter le pied droit à côté du gauche.

2. Appuyer l'arme à l'épaule avec la main droite, et replacer vivement la main gauche sur le côté.

CHARGE A VOLONTÉ.

78. Les canonniers exécutant bien la charge en dix temps, sont exercés à la charge à volonté; l'instructeur commande :

1. *Charge à volonté.*

2. *Chargez—(VOS) ARMES.*

A la dernière partie du deuxième commandement, à pleine main, retourner le poignet et le descendre à hauteur de la bouche, la baguette parallèle au canon.

9. BOURREZ.

Un temps, deux mouvements.

76. 1. Au commandement BOURREZ, étendre quatre fois le bras droit, de manière que la tête de la baguette ne dépasse pas le bout du canon, la baguette parallèle au canon, la main revenant toujours à la hauteur de la bouche.

2. Renverser le poignet, engager la baguette dans le canal, achever de l'enfoncer en plaçant la paume de la main sur le gros bout, et saisir le canon de la main droite, à seize centimètres au-dessus de l'embouchoir, les ongles en-dedans.

Ces prescriptions sont aussi applicables à la charge à volonté.

qui est ARMES, exécuter les dix temps de la charge, sans s'arrêter sur aucun et sans s'attendre les uns les autres.

L'instructeur doit exiger que les canonniers chargent les armes avec calme et sans précipitation ; qu'ils conservent la position du corps en passant exactement par tous les mouvements, notamment par ceux d'amorcer, mettre la cartouche dans le canon et bourrer.

79. L'instructeur fait exécuter aux canonniers la charge en dix temps et la charge à volonté, avec le sabre-baïonnette au bout du canon.

———

DES FEUX.

80. L'instructeur doit toujours se placer derrière la troupe pour commander les feux. Les canonniers sont au port d'armes.

POSITION DU PREMIER RANG.

L'instructeur commande :

Apprêtez—(VOS) ARMES.

Un temps, deux mouvements.

81. 1. A la dernière partie du commandement, qui est ARMES, faire un demi à droite sur le talon gauche, en portant le pied droit en équerre derrière le gauche, le cou-de-pied droit vis-à-vis et à huit centimètres du talon ; détacher l'arme avec la main droite verticalement et à onze centimètres de l'épaule ; la saisir de la main gauche, le petit doigt touchant le devant du corps de platine, le pouce sur le canon,

l'élever avec les deux mains, la gauche à hauteur du col ; placer le pouce de la main droite sur la crête du chien au-dessus de la tête, le premier doigt sur le pontet ; les autres dessous, le coude à hauteur de la main.

2. Armer en fermant vivement le coude droit et faisant sonner distinctement les crans de la noix (1) ; saisir l'arme à la poignée.

(En) JOUE.

Un temps.

82. Au commandement JOUE, abaisser vivement le bout du canon, la main gauche glissant jusqu'à l'embouchoir, tenir l'arme avec le pouce et le premier doigt de cette main, les autres fermés ; appuyer la crosse contre l'épaule, le bout du canon un peu baissé ; le coude gauche abattu sans être serré au corps ; le coude droit à hauteur de l'épaule (2) ; fermer l'œil gauche en inclinant la tête sur la crosse, de manière que l'œil droit puisse apercevoir le cran de mire de la hausse, le guidon et l'objet sur lequel on veut viser, l'arme ne penchant ni à gauche ni à droite, le pouce de la main droite allongé sur le bois, la deuxième phalange du premier doigt placée sur la détente.

Si l'on veut redresser les armes avant de faire feu, l'instructeur commande :

(1) Dans les exercices en blanc, soit des hommes de recrue, soit des premières classes, le tampon pendant au pontet, on le remettra sur la cheminée, aussitôt que le chien aura été mis au cran du bandé, avant de saisir l'arme à la poignée.

(2) Lorsque les canonniers, réunis en pelotons, exécuteront les feux, les hommes du premier rang devront élever un peu moins le coude droit, afin de faciliter l'*en joue* des hommes du second rang.

Redressez—(VOS) ARMES.

Un temps.

83. A la dernière partie du commandement, qui est ARMES, retirer le doigt de la détente ; redresser vivement l'arme et reprendre la position du deuxième mouvement d'*apprêtez vos armes*, nº 81.

84. Si, après avoir fait apprêter ou redresser les armes, on veut les faire porter sans faire feu, l'instructeur commande :

Portez—(VOS) ARMES.

Deux temps.

1. A la première partie du commandement, qui est PORTEZ (1), placer le pouce de la main droite contre la crête du chien, au-dessus de la tête, la deuxième phalange du premier doigt sur la détente, les autres embrassant la poignée de l'arme derrière le pontet ; dégager avec le pouce le chien du cran du bandé ; presser légèrement la détente avec le premier doigt, conduire le chien près de l'abattu en le soutenant avec le pouce ; faire effort avec le pouce sur la crête du chien pour la mettre au cran de sûreté, en faisant sonner distinctement le cran de la noix ; saisir l'arme de la main droite à la poignée.

2. A la dernière partie du commandement, qui est ARMES, descendre l'arme avec les deux mains, la droite se replaçant à la platine ; appuyer l'arme à l'épaule, replacer vivement la main gauche sur le côté, faire face en tête et rapporter le pied droit à côté du gauche.

(1) Dans les exercices en blanc, soit des hommes de recrue, soit des premières classes, le tampon étant sur la cheminée, devra être enlevé au commandement PORTEZ, avant de mettre le chien au cran de sûreté.

85. Le canonnier étant *en joue*, si l'on veut faire feu, l'instructeur commande :

FEU.

Un temps.

Au commandement FEU, appuyer la deuxième phalange du premier doigt sur la détente; faire feu sans baisser davantage la tête, ni la détourner, et rester dans cette position.

86. Si, après avoir fait feu, on ne veut pas faire charger les armes, l'instructeur commande :

Portez — (VOS) ARMES.

Deux temps.

1. A la première partie du commandement, qui est PORTEZ, retirer vivement l'arme et la placer la crosse sous le bras droit, en rapportant la main gauche contre le devant du corps de platine, la poignée à cinq centimètres au-dessous du teton droit, le coude gauche collé au corps, le bout du canon à hauteur du menton, et saisir l'arme à la poignée.

2. A la dernière partie du commandement, qui est ARMES, porter l'arme en faisant face en tête et replacer vivement la main gauche sur le côté.

87. Si, après avoir fait feu, on veut faire charger les armes, l'instructeur commande :

CHARGEZ.

Un temps.

Au commandement CHARGEZ, retirer vivement l'arme et la placer la crosse sous le bras droit, en rapprochant la main gauche contre le devant du corps

de platine, la poignée à cinq centimètres au-dessous
du teton droit, le coude gauche collé au corps, le
bout du canon à hauteur du menton; exécuter la
charge à volonté et porter l'arme en faisant face en
tête.

POSITION DU DEUXIÈME RANG.

88. L'instructeur commande :

Apprêtez—(VOS) ARMES.

Un temps, deux mouvements.

1. A la dernière partie du commandement, qui est
ARMES, exécuter le premier mouvement d'*apprêtez vos
armes*, n° 81; déboîter en même temps, en portant le
pied droit à seize centimètres sur la droite, et rapporter le pied gauche à huit centimètres en avant du
cou-de-pied droit, pour être placé vis-à-vis du créneau,
à droite de son chef de file.

2. Exécuter le deuxième mouvement d'*apprêtez vos
armes*, n° 81.

(En) JOUE.

Un temps.

89. Au commandement JOUE, porter le pied gauche
à seize centimètres en avant, le jarret droit tendu;
abaisser vivement le bout du canon, de manière qu'il
dépasse le premier rang; appuyer la crosse contre
l'épaule droite; exécuter le reste du mouvement comme il est prescrit n° 82.

Redressez—(VOS) ARMES.

Un temps.

90. Comme il est prescrit n° 83, en restant vis-à-vis
du créneau et rapportant le pied gauche à huit centimètres du cou-de-pied droit.

91. Si, après avoir fait apprêter ou redresser les armes, on veut les faire porter sans faire feu, l'instructeur commande :

Portez—(VOS) ARMES.

Deux temps.

1. A la première partie du commandement, qui est PORTEZ, exécuter le premier temps de *portez vos armes*, n° 84.

2. A la dernière partie du commandement, qui est ARMES, descendre l'arme avec les deux mains, la droite se replaçant à la platine; appuyer l'arme à l'épaule; replacer vivement la main gauche sur le côté, revenir en même temps derrière son chef de file, en portant le pied gauche à seize centimètres sur la gauche ; faire face en tête et rapporter le pied droit à côté du gauche.

92. Le canonnier étant *en joue*, si l'on veut faire feu, l'instructeur commande. :

FEU.

Un temps.

Comme il est prescrit n° 85.

93. Si, après avoir fait feu, on ne veut pas faire charger les armes, l'instructeur commande :

Portez—(VOS) ARMES.

Deux temps.

1. A la première partie du commandement, qui est PORTEZ, rapporter le pied gauche à huit centimètres du cou-de-pied droit, et exécuter le premier temps de *portez vos armes*, n° 86.

2. A la dernière partie du commandement, qui est

ARMES, exécuter le deuxième temps de *portez vos armes*, n° 91.

94. Si, après avoir fait feu, l'instructeur veut faire charger les armes, il commande :

CHARGEZ.

Un temps.

Au commandement CHARGEZ, retirer vivement l'arme et la placer la crosse sous le bras droit, en rapportant la main gauche contre le devant du corps de platine, la poignée à cinq centimètres au-dessous du teton droit, le coude gauche collé au corps, le bout du canon à hauteur du menton ; rapporter en même temps le pied gauche à huit centimètres du cou-de-pied droit ; exécuter la charge à volonté ; porter l'arme en se replaçant face en tête, derrière son chef de file.

95. L'instructeur fait exécuter les feux aux canonniers avec le sabre-baïonnette au bout du canon.

<hr>

ÉCOLE DU PELOTON A PIED.

—

ARTICLE Ier.

1. Les canonniers qui composent le peloton sont en veste, shako et armés (ceux des batteries à cheval ont le sabre au crochet.)

Le peloton est composé de vingt-quatre ou trente-deux hommes (12 ou 16 files), y compris quatre brigadiers placés aux ailes de chaque rang ; un sous-officier est placé en serre-file à un pas en arrière du centre ; un autre sous-officier, sous le nom de *sous-instructeur*, est chargé de seconder l'instructeur.

Lorsqu'on rompt le peloton pour marcher en colonne, le sous-instructeur, au commandement préparatoire, se porte à un pas (2/3 de mètre) en avant des premières files ; le serre-file se porte sur le flanc opposé au guide, et à hauteur du centre de la colonne. Dans toutes les formations et marches en bataille, le sous-instructeur se tient à un pas (2/3 de mètre) en avant du centre du peloton, pour y tenir la place du chef de peloton, l'instructeur devant être libre de ses mouvements afin de mieux surveiller l'instruction.

Le serre-file conserve sa place de bataille.

Les canonniers règlent leur pas sur celui du sous-instructeur ; le serre-file y veille attentivement.

Chaque mouvement est exécuté d'abord au *pas ordinaire*, ensuite au *pas accéléré*.

Tous les mouvements sont exécutés sur deux rangs, excepté la marche en colonne par un et les conversions, qui le sont d'abord par rang.

Tous les mouvements de rupture et de formation sont, en outre, exécutés de pied ferme, et en les décomposant, pour en faire mieux comprendre le mécanisme.

L'instructeur fait chaque jour changer les canonniers de rang, et met au deuxième ceux qui, la veille, étaient au premier, afin de leur donner une égale habitude des deux rangs.

Chaque mouvement, après avoir été correctement exécuté par la droite, doit être répété par la gauche.

L'instructeur fait toujours compter par quatre, dès que le peloton est formé. Pendant le travail, on ne fait plus recompter; mais si quelque canonnier change de place, on lui indique son nouveau numéro, et si un canonnier du premier rang vient à manquer, il est remplacé par un du deuxième, dont la place reste vide.

- Principes généraux d'alignement;
- Alignement successif des files dans le peloton;
- Alignement du peloton;
- Ouvrir et serrer les rangs;
- Faire reculer le peloton;
- Marche directe en colonne par le flanc;
- Changement de direction;
- Marche oblique individuelle;

sur un et deux rangs.

Le peloton marchant par le flanc, le former en avant ou sur la droite en bataille;
Former le peloton à gauche sur un rang;
Former le peloton à droite sur deux rangs;
Maniement des armes.

2. Le peloton étant formé sur deux rangs

serrés, les canonniers au *port d'armes,* l'instructeur commande :

Dans chaque rang—COMPTEZ-VOUS (par) QUATRE.

A la dernière partie du commandemeut, qui est QUATRE, les canonniers se comptent dans chaque rang, de la droite à la gauche, en prononçant à haute et intelligible voix, sur le même ton, sans se presser et sans tourner la tête : *un, deux, trois, quatre,* suivant la place que chacun occupe.

PRINCIPES GÉNÉRAUX D'ALIGNEMENT.

3. Les canonniers, pour s'aligner, doivent accorder leurs épaules sur celles de leurs voisins du côté de l'alignement, et fixer les yeux sur la ligne des yeux, de manière à apercevoir la poitrine du deuxième canonnier de leur rang du même côté : à cet effet, ils doivent tourner la tête, sans cesser de rester carrément dans le rang, et sentir légèrement du coude le coude de leur voisin du côté de l'alignement.

Les canonniers du deuxième rang, indépendamment de l'alignement, doivent être exactement derrière leurs chefs de file, ayant soin de conserver trente-trois centimètres (1 pied) de distance, mesurés des épaules des hommes du premier rang à la poitrine des hommes du deuxième rang.

ALIGNEMENT SUCCESSIF DES FILES DANS LE PELOTON.

4. Avant de commander l'alignement, on fait toujours porter les armes.

L'instructeur fait porter les deux files de droite ou de gauche à trois pas (2 mètres) en avant, et les aligne parallèlement au peloton, par les commandements : 1. *deux files de droite* (ou *de gauche*) *en avant*; 2. MARCHE; 3. HALTE; 4. *à droite* (ou *à gauche*)—ALIGNEMENT; 5. FIXE.

Ensuite il commande :

    1. *Par file—à droite* (ou *à gauche*)—ALIGNEMENT.

    2. FIXE.

A la dernière partie du premier commandement, qui est ALIGNEMENT, chaque file se porte successivement en avant, sans à-coup; les canonniers tournant la tête à droite ou à gauche, en raccourcissant les derniers pas, afin d'arriver à hauteur des files déjà formées, sans dépasser l'alignement, observant de conserver la tête à droite ou à gauche jusqu'au commandement FIXE. Chaque file exécute le même mouvement, lorsque celle qui la précède est arrivée à hauteur de la base d'alignement, de manière qu'il n'y ait jamais qu'une file qui s'aligne à la fois.

Au commandement FIXE, replacer la tête directe.

L'instructeur fait le commandement FIXE lorsque la dernière file est alignée.

5. Les canonniers exécutant correctement ces alignements, on répète cette instruction en donnant aux deux files de droite une direction oblique. A cet effet, l'instructeur ayant fait porter ces files à deux pas (1 mètre 1/3) en avant, comme il a été prescrit, leur fait exécuter un *demi à droite* ou un *demi à gauche*, et marcher ensuite deux pas dans cette nouvelle direction.

Le peloton se trouvant ainsi démasqué, le

reste du mouvement s'exécute par les commandements et suivant les principes prescrits n° 3 ; chaque file, lorsqu'elle est près d'arriver vis-à-vis de la place qu'elle doit occuper, exécute un *demi à droite* ou un *demi à gauche*, afin qu'ayant quitté le peloton par une ligne droite, elle arrive sur le nouvel alignement par une autre ligne droite.

6. L'instructeur fait ensuite reculer de trois pas (1 mètre) (1) les deux files de droite ou de gauche, et les aligne parallèlement au peloton vis-à-vis de la place qu'elles y occupaient, par les commandements : 1. *deux files de droite* (ou *de gauche*) *en arrière*; 2. MARCHE ; 3. HALTE ; 4. *à droite* (ou *à gauche*) —ALIGNEMENT; 5. FIXE.

Ensuite il commande :

> 1. *Par file—en arrière à drcite (*ou *à gauche)—*ALIGNEMENT.

> 2. FIXE.

A la dernière partie du premier commandement, qui est ALIGNEMENT, chaque file recule successivement bien droit, les canonniers tournant la tête à droite ou à gauche et dépassant un peu en arrière les files déjà formées, afin de se reporter ensuite à leur hauteur par un mouvement en avant, ce qui rend l'alignement plus facile.

Les canonniers du premier rang reculent lentement ; les canonniers du deuxième rang se règlent

(1) Le pas en arrière n'est que d'un pied.

sur leur chef de file, afin de conserver toujours leur distance pendant le mouvement.

Au commandement FIXE, replacer la tête directe.

L'alignement en arrière donne le moyen de réparer une faute en rentrant dans l'alignement, lorsqu'il a été dépassé ; mais il est de principe de l'éviter autant que possible.

7. L'instructeur fait ensuite aligner par deux (ou par quatre) ; à cet effet, il fait porter en avant les deux ou les quatre files de droite, comme il a été prescrit, et il commande :

1. *Par deux files* (ou *par quatre files*) *à droite* (ou *à gauche*)—ALIGNEMENT.

2. FIXE.

A la dernière partie du premier commandement, qui est ALIGNEMENT, les files s'alignent successivement par deux (ou par quatre), suivant les principes prescrits pour s'aligner par un, ayant de plus l'attention de partir ensemble et d'arriver sur l'alignement sans se désunir.

Au commandement FIXE, replacer la tête directe.

8. L'instructeur veille à ce que les canonniers s'alignent sur la poitrine du deuxième homme qui les précède, et non sur l'extrémité du rang ; à ce qu'ils ne soient ni serrés ni ouverts, et enfin à ce que ceux du deuxième rang soient exactement derrière leurs chefs de file.

Il habitue aussi les canonniers à juger promptement de leur alignement.

9. Pendant l'alignement, l'instructeur se place en face des canonniers pour s'assurer qu'ils exécutent l'alignement d'après les principes prescrits. Pour l'alignement successif des files dans le peloton, le sous-instructeur est placé perpendiculairement au flanc de la troupe, faisant face à gauche, si l'alignement est à droite, et faisant face à droite, si l'alignement est à gauche. Il veille à ce que les canonniers s'arrêtent juste à la même hauteur, et il rectifie l'alignement à voix basse. Au commandement FIXE, il reprend sa place devant le peloton.

ALIGNEMENT DU PELOTON.

10. Le peloton étant en bataille, l'instructeur place le brigadier de l'aile sur laquelle il veut aligner de manière qu'aucun canonnier ne soit forcé de reculer, et il commande :

1. *A droite* (ou *à gauche*)—ALIGNEMENT. FIXE.

A la deuxième partie du commandement, qui est ALIGNEMENT, tous les canonniers s'alignent promptement, mais sans à-coup, ayant l'attention de ne pas se serrer.

Au commandement FIXE, replacer la tête directe.

11. Dans tous les alignements, on doit habituer le brigadier de l'aile opposée à s'aligner promptement sur celui de l'aligne-

ment, sans avoir égard à l'alignement individuel des canonniers.

OUVRIR ET SERRER LES RANGS.

12. Pour faire ouvrir et serrer les rangs,
l'instructeur commande :

    1. *En arrière, ouvrez vos rangs.*
    2. MARCHE.
    3. *A droite*—ALIGNEMENT.
    4. FIXE.

Au commandement MARCHE, le premier rang reste
immobile, le deuxième recule de douze pas (4 mètres) (1), chaque canonnier conservant la direction de
son chef de file : le serre-file recule de manière à se
trouver à six pas (4 mètres) du deuxième rang. Le
sous-instructeur se porte à six pas (4 mètres) en
avant, et fait face à la troupe par un *demi-tour à
droite.*

Au commandement *à droite*—ALIGNEMENT, les canonniers du deuxième rang s'alignent à droite.

Au commandement FIXE, replacer la tête directe.

13. Pour faire serrer les rangs, l'instructeur commande :

    1. *Serrez vos rangs.*
    2. MARCHE.
    3. *A droite*—ALIGNEMENT.
    4. FIXE.

Au commandement MARCHE, le deuxième rang serre
sur le premier, à un tiers de mètre (1 pied) de distance, chaque canonnier ayant soin de conserver la
direction de son chef de file ; le sous-instructeur re-

(1) Le pas en arrière n'est que d'un pied.

prend sa place au centre du peloton par un *demi-tour à droite*, et le serre-file se remet à sa distance. Au commandement *à droite* — ALIGNEMENT, les canonniers s'alignent à droite. Au commandement FIXE, replacer la tête directe.

Avant de faire ouvrir ou serrer les rangs, on fait toujours porter les armes.

FAIRE RECULER LE PELOTON.

14. Le peloton étant de pied ferme, l'instructeur commande :

> 1. *Peloton en arrière.*
> 2. *Guide à droite* (ou *à gauche.*)
> 3. MARCHE.

Au commandement MARCHE, tous les canonniers reculent à la fois, suivant les principes prescrits nº 33, se réglant du côté du guide.

MARCHE DIRECTE EN COLONNE PAR UN.

15. Chaque rang est exercé d'abord séparément à la marche en colonne par un. A cet effet, les rangs étant ouverts, l'instructeur fait commander le deuxième rang par le sous-instructeur et commande lui-même le premier.

On commande :

> 1. *Canonniers à droite* (ou *à gauche.*)
> 2. (à) DROITE (ou (à) GAUCHE.)

Comme il est prescrit au nº 9.

On commande ensuite :

1. *Colonne en avant*.

2. MARCHE.

Au commandement MARCHE, tous les canonniers partent ensemble du pied gauche. Chaque canonnier se maintient, autant que possible, à la même distance de celui qui le précède, et exactement derrière lui, de manière que sa tête lui cache celles des canonniers qui sont en avant. Les canonniers doivent avoir la tête directe et ne pas regarder les pieds de celui qui précède, afin de conserver les distances; ils doivent maintenir les épaules carrément dans la direction, ne pas tourner les pieds trop en-dehors, et marcher sans se balancer.

16. La colonne étant en marche, pour l'arrêter on commande :

1. *Colonne*.

2. HALTE.

Au commandement *colonne*, le canonnier qui est en tête marque le pas, et chacun serre à sa distance.

Au commandement HALTE, toute la colonne arrête et personne ne bouge plus.

L'instructeur veille à ce qu'en reprenant leur distance, les canonniers ne se serrent pas trop.

17. Pour remettre les canonniers face en tête, on commande :

1. FRONT.

2. *A droite* (ou *à gauche*)—ALIGNEMENT.

3. FIXE.

Au commandement FRONT, chaque canonnier fait front par un *à gauche* ou par un *à droite*.

Au commandement FIXE, replacer la tête directe.

18. Quand on a fait *canonniers à droite*, au commandement FRONT, on exécute un *à gauche*; quand on a fait *canonniers à gauche*, on fait front par un *à droite*; quand on a fait front par un *à gauche*, l'alignement est à droite; et quand on a fait front par un *à droite*, l'alignement est à gauche.

CHANGEMENT DE DIRECTION.

19. Chaque rang étant en marche séparément, on commande :

    1. *Tournez*—(à) DROITE (ou (à) GAUCHE.)
    2. *En*—AVANT.

A la dernière partie du premier commandement, qui est DROITE (ou GAUCHE), le premier canonnier tourne du côté indiqué, sans raccourcir le pas. Chaque canonnier tourne successivement sur le terrain où le premier a tourné.

A la dernière partie du deuxième commandement, qui est AVANT, le premier canonnier se porte droit devant lui dans la nouvelle direction; il est suivi par les autres.

MARCHE OBLIQUE INDIVIDUELLE.

20. Chaque rang étant en marche séparément, on commande :

    1. *Oblique à gauche* (ou *à droite*.)
    2. MARCHE.

Au commandement MARCHE, chaque canonnier exécute un *quart d'à gauche* ou un *quart d'à droite*, et, le mouvement achevé, se porte droit devant lui dans sa nouvelle direction, tous suivant des lignes parallèles, et se réglant à gauche ou à droite pour se maintenir à la même hauteur et conserver leurs distances.

Pour faire reprendre la direction primitive, l'instructeur commande :

En—AVANT.

A la dernière partie du commandement, qui est AVANT, les canonniers se redressent par un *quart d'à droite* en avançant, et se portent droit devant eux.

Les obliques, avant d'être exécutés en marchant, le sont d'abord de pied ferme, en se conformant, pour le commandement, à ce qui est prescrit au n° 11.

21. Tous ces mouvements s'exécutant correctement par rang, l'instructeur réunit le peloton et les fait exécuter de nouveau par les deux rangs à la fois.

MARCHE DIRECTE EN COLONNE PAR LE FLANC.

22. Les principes de la marche en colonne par un sont applicables à la marche en colonne par le flanc.

Dans la marche en colonne par le flanc, les canonniers du premier rang sont guides ; ils se maintiennent à leur distance et dans la direction de ceux qui précèdent. Les canonniers du deuxième rang marchent à hauteur de leur chef de file, en sentant légèrement le coude de ce côté et cédant à la pression qui en vient.

CHANGEMENTS DE DIRECTION.

23. Le peloton étant en colonne, par le flanc et en marche, l'instructeur commande :

Tête de colonne à gauche (ou *à droite.*)

Le sous-instructeur commande alors :

1. *Tournez*—(à) GAUCHE (ou (à) DROITE.)
2. *En*—AVANT.

A la dernière partie du premier commandement, qui est GAUCHE (ou DROITE), le canonnier placé du côté vers lequel la conversion s'exécute, tourne comme il est prescrit n° 19, et celui placé du côté opposé tourne en allongeant le pas, sentant le coude de son voisin et cédant à sa pression.

MARCHE OBLIQUE INDIVIDUELLE.

24. La colonne étant en marche par le flanc, l'instructeur commande :

1. *Oblique à gauche* (ou *à droite.*)
2. MARCHE.

Au commandement MARCHE, chaque canonnier exécute un *quart d'à gauche*, ou un *quart d'à droite*.

Le canonnier de gauche ou de droite, du premier rang, qui est le guide de la colonne, se porte droit devant lui dans la nouvelle direction, parallèlement au sous-instructeur. Le canonnier de gauche ou de droite, de chacun des autres rangs, qui est le guide de son rang, se porte aussi en avant, ayant l'œil sur le guide de la colonne, pour se maintenir à sa hauteur en suivant une direction parallèle. Les canonniers du côté opposé se portent en avant, ayant l'œil à gauche ou à droite pour s'aligner sur leur guide et se maintenir à sa hauteur ; ils ont l'épaule du côté de l'oblique placée en arrière de la sienne.

Pour faire reprendre la direction primitive, l'instructeur commande :

En—AVANT.

A la dernière partie du commandement, qui est AVANT, les canonniers se redressent par un *quart d'à droite* ou un *quart d'à gauche*, en avançant, et se portent droit devant eux, en se conformant aux principes de la marche directe par le flanc.

Les canonniers, dans ce mouvement, n'ayant plus le contact des coudes, ne peuvent se maintenir alignés qu'en prenant des directions bien parallèles et en conservant l'égalité du pas.

25. Pour rectifier les distances, le degré d'obliquité, et s'assurer que les guides, ainsi que les autres canonniers, sont dans la même direction, l'instructeur peut faire arrêter la colonne aux commandements :
1. *colonne*; 2. HALTE.

Il remet ensuite la colonne en mouvement dans la direction oblique, en commandant :
1. *colonne en avant*; 2. MARCHE.

LE PELOTON MARCHANT PAR LE FLANC, LE FORMER EN AVANT OU SUR LA DROITE EN BATAILLE.

26. La colonne étant en marche, la droite en tête, pour la former en avant en bataille, l'instructeur commande :

1. *En avant en bataille.*
2. MARCHE.
3. HALTE.
4. *A droite*—ALIGNEMENT.
5. FIXE.

Au commandement MARCHE, le premier canonnier du premier rang continue à marcher droit devant lui. Le premier canonnier du deuxième rang, qui marche à hauteur de son chef de file, raccourcit le pas et se place derrière lui, en obliquant à gauche.

Tous les autres canonniers, obliquant de suite à gauche, viennent se placer successivement à la gauche des premiers ; chaque canonnier s'arrête à hauteur du rang dont il fait partie, porte les armes et s'aligne à droite.

Au commandement FIXE, replacer la tête directe.

L'instructeur commande HALTE, lorsque le premier canonnier a marché vingt pas. Il fait le commandement *à droite*—ALIGNEMENT immédiatement après celui HALTE, et il ne commande FIXE que lorsque la dernière file est alignée.

27. La colonne marchant la gauche en tête, le mouvement s'exécute suivant les mêmes principes ; et par les moyens inverses, aux commandements : 1. *en avant en bataille* ; 2. MARCHE ; 3. HALTE ; 4. *à gauche*—ALIGNEMENT ; 5. FIXE.

28. La colonne étant en marche, la droite en tête, pour la former en bataille sur le prolongement en avant de son flanc droit, l'instructeur commande :

1. *Sur la droite en bataille.*
2. MARCHE.
3. HALTE.
4. *À droite*—ALIGNEMENT.
5. FIXE.

Au commandement MARCHE, les deux premiers canonniers tournent à droite et se portent en avant dans cette nouvelle direction. Aussitôt après avoir tourné, le premier canonnier du deuxième rang, qui marche à hauteur de son chef de file, raccourcit le pas et se place derrière lui, en obliquant à gauche.

Tous les autres canonniers continuent de marcher droit devant eux, ne tournant que successivement et à un pas plus loin que les canonniers qui précèdent; ceux du deuxième rang raccourcissent le pas, après la conversion, pour se placer derrière leur chef de file; chaque file se place à la gauche de celles déjà formées. Chaque canonnier s'arrête à la hauteur du rang dont il fait partie, porte les armes et s'aligne à droite.

L'instructeur se conforme, pour faire les commandements HALTE, *à droite*—ALIGNEMENT et FIXE, à ce qui est prescrit n° 26.

29. La colonne marchant la gauche en tête, le mouvement s'exécute suivant les mêmes principes, et par les moyens inversés, aux commandements : 1. *sur la gauche en bataille*; 2. MARCHE; 3. HALTE; 4. *à gauche*—ALIGNEMENT; 5. FIXE.

30. Ces mouvements sont exécutés, d'abord, la colonne étant arrêtée.

L'instructeur exige que les canonniers marchent bien unis jusqu'après leurs conversions, et qu'alors seulement le canonnier du deuxième rang raccourcisse le pas et se place derrière son chef de file.

L'instructeur se tient du côté de la formation, et en arrière de la nouvelle ligne, jusqu'à ce que la dernière file soit formée; il veille à ce que les canonniers exécutent le mouvement correctement et ne se trompent pas de rang; le sous-instructeur se conforme à tout ce qui a été prescrit pour les *alignements successifs*, n° 9.

FORMER LE PELOTON A GAUCHE SUR UN RANG.

31. Le peloton étant formé sur deux rangs, et au port d'armes, l'instructeur commande :

1. *A gauche sur un rang.*
2. MARCHE.
3. HALTE.
4. FRONT.
5. *A droite*—ALIGNEMENT.
6. FIXE.

Au commandement MARCHE, les canonniers du premier rang ne bougent pas; ceux du deuxième rang font *canonniers à gauche*, et se portent ensemble droit devant eux.

Au commandement HALTE, les canonniers s'arrêtent.

Au commandement FRONT, ils font un *à droite*.

Au commandement *à droite* — ALIGNEMENT, les canonniers du deuxième rang se portent à hauteur du premier rang et s'alignent sur lui.

Au commandement FIXE, replacer la tête directe.

L'instructeur ne fait le commandement HALTE que lorsque le canonnier de droite du deuxième rang arrive à hauteur du canonnier de gauche du premier rang.

FORMER LE PELOTON A DROITE SUR DEUX RANGS.

32. Le peloton étant sur un rang, et au port d'armes, l'instructeur commande :

1. *A droite sur deux rangs.*
2. MARCHE.
3. *A droite*—ALIGNEMENT.
4. FIXE.

Au commandement MARCHE, les canonniers du premier rang se portent en avant, à un pas (2/3 de mètre); ceux du deuxième rang font *canonniers à droite*, et se portent ensemble droit devant eux, chacun, s'arrêtant derrière son chef de file, fait front sans commandement.

Au commandement *à droite*—ALIGNEMENT, les canonniers s'alignent à droite.

Au commandement FIXE, replacer la tête directe.

MANIEMENT DES ARMES.

33. Le peloton étant en bataille est exercé au maniement des armes, d'abord à rangs ouverts, puis à rangs serrés.

L'instructeur s'attache à donner de l'ensemble aux canonniers, et, s'il le juge nécessaire, il fait exécuter le maniement des armes, par temps et mouvements, en faisant les commandements 2, 3, 4, etc., mais sans explication.

34. Dans une troupe composée de canonniers armés de mousquetons et d'autres armés de sabres seulement, ces derniers, s'ils ont le sabre à la main, au commandement *portez*—(vos) ARMES, prennent la position régulière du port du sabre; s'ils ne l'ont pas à la main, à la première partie du commandement, qui est *portez*, ils exécutent le premier temps du *sabre*—(à la) MAIN, ainsi qu'il a été prescrit pour le premier et le deuxième rang. A la dernière partie du commandement, qui est ARMES, ils exécutent le deuxième temps.

Au commandement *l'arme*—(au) BRAS, ou *l'arme sur l'épaule*—DROITE, les canonniers armés du sabre allongent le bras droit, en maintenant le sabre entre le premier et le deuxième doigt, le pouce par-dessus la monture ou la croisière.

Pour rompre les rangs, au commandement *présentez* (vos) ARMES, les canonniers armés du sabre présentent le sabre.

Au commandement *haut*—(les) ARMES, ils exécutent le deuxième temps de *remettez*—(le) SABRE.

ARTICLE II.

Le peloton étant en bataille, rompre par quatre files à droite.

Marche directe en colonne par quatre.

Changement de direction.

Marche oblique individuelle.

Le peloton marchant en colonne par quatre, le former en avant, à gauche et sur la droite en bataille.

Maniement des armes.

Des feux.

LE PELOTON ÉTANT EN BATAILLE, ROMPRE PAR QUATRE FILES À DROITE.

35. L'instructeur commande :

1. *Par quatre files à droite.*

2. MARCHE.

3. HALTE.

Au premier commandement, le sous-instructeur se place à un pas (2/3 de mètre) en avant des quatre files de droite.

Au commandement MARCHE, les numéros 1 du premier rang, qui sont *pivots*, tournent sur eux-mêmes, en marquant le pas ; les numéros 4, qui sont *ailes marchantes*, déboîtent franchement et conversent à droite, en tournant la tête du côté du pivot, afin de ne se rapprocher ni s'écarter de lui ; les numéros 2 et 3 exécutent leur mouvement, tournant la tête du côté de l'aile marchante, réglant sur elle leur degré de vitesse, et sentant le coude du côté du pivot, pour ne pas s'en séparer.

Les canonniers du deuxième rang suivent les canonniers du premier, en appuyant vers l'aile marchante dès qu'elle a déboîté.

Au commandement HALTE, les canonniers s'arrêtent; ceux du deuxième rang se replacent à leurs chefs de file et à leurs distances.

L'instructeur commande HALTE au moment où les conversions sont près de finir.

Dans cet ordre en colonne, tous les premiers rangs de quatre conservent entre eux une distance égale à leur front, trois pas un quart (2 mètres 16 centimètres.)

36. Pour rompre le peloton par quatre files à gauche, le mouvement s'exécute d'après les mêmes principes et par les moyens inverses, aux commandements : 1. *par quatre files à gauche*; 2. MARCHE; 3. HALTE.

37. La colonne étant la droite en tête et arrêtée, pour remettre le peloton en bataille, l'instructeur commande :

1. *Par quatre files à gauche.*
2. MARCHE.
3. HALTE.
4. *A droite*—ALIGNEMENT.
5. FIXE.

Ce qui s'exécute comme il est prescrit n° 35, et par les moyens inverses.

MARCHE DIRECTE EN COLONNE PAR QUATRE.

38. Dans la marche en colonne par quatre, la droite en tête, ce sont les numéros 4 qui sont guides; quand on a la gauche en tête, ce sont les numéros 1.

Le guide du premier rang de quatre, qui est guide de la colonne, doit marcher droit devant lui, en conservant sa direction, et régler sa vitesse de manière que le premier rang de quatre, qui s'aligne sur lui, soit toujours à un pas (2/3 de mètre) du sous-instructeur, qui marche en tête de la colonne.

Le guide de chaque rang doit conserver la tête directe et se maintenir toujours à sa distance, et dans la direction du guide du premier rang des quatre files qui le précèdent; les trois autres canonniers de chaque rang de quatre s'alignent sur le guide de leur rang, en sentant légèrement le coude, en donnant un coup d'œil de son côté; ils cèdent à la pression qui vient de son côté et résistent à celle du côté opposé.

Dans la marche en colonne par quatre, l'instructeur veille à ce que les guides des premiers rangs soient à leurs distances, afin de pouvoir se reformer en *bataille* par un mouvement général.

39. Pour porter la colonne en avant, l'instructeur commande :

1. *Colonne en avant.*
2. MARCHE.
3. *Guide à gauche.*

Au commandement MARCHE, tous les canonniers partent ensemble, se réglant sur le guide.

Après avoir donné à la colonne un point de direction, l'instructeur fait marcher pendant quelque temps sans changer de direction, pour donner aux canonniers les moyens de mettre en pratique les principes de la marche directe.

40. Pour arrêter la colonne, l'instructeur commande :

1. *Colonne.*

2. HALTE.

Au commandement HALTE, tous les canonniers arrêtent et ne bougent plus, quand même les distances seraient perdues.

Les canonniers sont exercés à passer du *pas ordinaire* au *pas accéléré*, et du *pas accéléré* au *pas ordinaire.*

CHANGEMENT DE DIRECTION.

41. La colonne marchant par quatre, la droite ou la gauche en tête, l'instructeur commande :

Tête de colonne à gauche (ou *à droite.*)

A ce commandement, le sous-instructeur commande :

1. *Tournez—*(à) GAUCHE.

2. *En—*AVANT.

A la dernière partie du premier commandement, qui est GAUCHE, le premier rang de quatre tourne à gauche; le pivot tourne au même pas, en décrivant un arc de cercle de cinq pas (3 mètres 1/3). Le canonnier placé à l'aile opposée tourne en allongeant le pas, les autres canonniers tournent la tête du côté de l'aile marchante, afin de régler sur elle leur degré de vitesse, et sentent légèrement le coude du côté du pivot.

A la deuxième partie du deuxième commandement, qui est AVANT, le premier rang de quatre reprend la marche directe, et chaque canonnier le degré de vitesse auquel il marchait avant la conversion.

Chaque rang de quatre tourne successivement sur le même terrain où a tourné le premier.

Le sous-instructeur fait le commandement en — AVANT lorsque la conversion du premier rang est presque terminée. L'instructeur exige, dans ce changement de direction, que tous les rangs de quatre marchent droit, sans se jeter du côté opposé à la conversion, et sans que le canonnier du pivot raccourcisse le pas, ni que celui de l'aile marchante allonge le sien, avant d'arriver au point de la conversion. Pour changer de direction à droite, le mouvement s'exécute suivant les mêmes principes, et par les moyens inverses, au commandement *tête de colonne à droite*.

MARCHE OBLIQUE INDIVIDUELLE.

42. La colonne étant en marche, l'instructeur commande :

1. *Oblique à gauche.*
2. MARCHE.

Au commandement MARCHE, chaque canonnier exécute un *quart d'à gauche*, le canonnier de gauche du premier rang de quatre, qui est le guide de la colonne, se porte droit devant lui dans la nouvelle direction et parallèlement au sous-instructeur.

Le canonnier de gauche de chacun des autres rangs, qui est guide de son rang, se porte aussi en avant, ayant l'œil sur le guide de la colonne, pour se maintenir à sa hauteur, en suivant une direction parallèle. Les autres canonniers de chaque rang, n'ayant plus le contact des coudes, donnent un coup d'œil sur la ligne des épaules de leurs voisins du côté du guide, et règlent leur pas de manière que leur épaule soit toujours en arrière de celle de leur voisin de ce côté, et que sa tête leur cache celles des autres canonniers du rang. Tous les canonniers doivent en outre conserver l'égalité du pas et le même degré d'obliquité.

Pour faire reprendre la direction primitive, l'instructeur commande :

En — AVANT.

A la dernière partie du commandement, qui est AVANT, chaque canonnier exécute un *quart d'à droite*, en avançant, et tous se portent droit devant eux, en se conformant aux principes de la marche directe.

Le mouvement *oblique à droite* s'exécute par les moyens inverses.

43. Pour rectifier les distances, le degré d'obliquité, et s'assurer que les guides ainsi que les autres canonniers sont dans la même direction, l'instructeur peut faire arrêter la colonne aux commandements : 1. *colonne* ; 2. HALTE.

Il remet ensuite la colonne en mouvement dans la direction oblique aux commandements : 1. *colonne en avant* ; 2. MARCHE.

LE PELOTON MARCHANT EN COLONNE PAR QUATRE, LE FORMER EN AVANT, A GAUCHE OU SUR LA DROITE EN BATAILLE.

44. La colonne marchant la droite en tête, pour la former en avant en bataille, l'instructeur commande :

1. *En avant en bataille.*
2. MARCHE.
3. HALTE.
4. *A droite*—ALIGNEMENT.
5. FIXE.

Au commandement MARCHE, les quatre premières files continuent de marcher droit devant elles; les autres rangs de quatre obliquent à gauche, marchent dans cette direction, et se redressent par un *quart d'à droite* vis-à-vis de la place qu'ils doivent occuper dans le peloton.

Lorsque les premières files ont marché vingt pas, l'instructeur commande HALTE. A ce commandement, elles s'arrêtent bien carrément; les autres viennent se former successivement à leur gauche, en s'alignant à droite.

Au commandement FIXE, replacer la tête directe.

L'instructeur fait le commandement *à droite*—ALIGNEMENT immédiatement après celui de HALTE, et ne commande FIXE que lorsque les quatre dernières files sont alignées.

45. La colonne marchant la gauche en tête, le mouvement s'exécute suivant les mêmes

principes, et par les moyens inverses, aux commandements : 1. *en avant en bataille*; 2. MARCHE ; 3. HALTE ; 4. *à gauche* — ALIGNEMENT; 5. FIXE.

46. La colonne marchant la droite en tête, pour la former en bataille sur son flanc gauche, l'instructeur commande :

1. *Par quatre files à gauche.*
2. MARCHE.
3. HALTE.
4. *A droite* — ALIGNEMENT.
5. FIXE.

Au commandement *par quatre files à gauche*, les nᵒˢ 4 se préparent à tourner sur eux-mêmes; au commandement MARCHE, on se conforme à ce qui est prescrit nᵒ 37.

47. La colonne marchant la gauche en tête, pour la former en bataille sur son flanc droit, le mouvement s'exécute suivant les mêmes principes, et par les moyens inverses, aux commandements : 1 *par quatre files à droite ;* 2. MARCHE ; 3. HALTE ; 4. *à droite* — ALIGNEMENT; 5. FIXE.

48. La colonne marchant la droite en tête, pour la former en bataille sur le prolongement en avant de son flanc droit, l'instructeur commande :

1. *Sur la droite en bataille.*
2. MARCHE.
3. HALTE.

4. *A droite* — ALIGNEMENT.
5. FIXE.

Au commandement MARCHE, les quatre premières files tournent à droite et se portent droit devant elles; les autres rangs de quatre continuent de marcher droit devant eux, et chacun tourne successivement à droite, à trois pas (deux mètres) au-delà du point où a tourné le rang de quatre qui le précédait.

Lorsque les premières files ont marché vingt pas, l'instructeur commande HALTE. A ce commandement, elles s'arrêtent bien carrément; les autres viennent se former successivement à leur gauche, en s'alignant à droite.

Au commandement FIXE, replacer la tête directe.

L'instructeur fait le commandement *à droite* — ALIGNEMENT immédiatement après celui de HALTE et ne commande FIXE que lorsque les quatre dernières files sont alignées.

49. La colonne marchant la gauche en tête, pour la former en bataille sur le prolongement en avant de son flanc gauche, le mouvement s'exécute suivant les mêmes principes, et par les moyens inverses, aux commandements : 1. *sur la gauche en bataille*; 2. MARCHE; 3. HALTE; 4. *à gauche* — ALIGNEMENT; 5. FIXE.

MANIEMENT DES ARMES.

50. Le peloton étant en bataille est exercé au maniement des armes à rangs ouverts et à rangs serrés.

DES FEUX.

51. Le peloton étant en bataille, l'instructeur commande :

    1. *Feux de peloton.*

    2. COMMENCEZ LE FEU.

Au premier commandement, le sous-instructeur se porte vivement derrière le centre du peloton, à six pas (4 mètres) en arrière du serre-file.

Au deuxième commandement, le sous-instructeur commande :

    1 *Peloton.*

    2. *Apprêtez* — (VOS) ARMES.

    3. (*En*) JOUE.

    4. *Feu* ou *redressez* — (VOS) ARMES.

    5. CHARGEZ, ou *portez* — (VOS) ARMES.

Ce qui s'exécute comme à *l'école du canonnier à pied.*

52. Les armes étant portées, le sous-instructeur fait aussitôt recommencer le feu par les mêmes commandements, et le feu continue jusqu'à la sonnerie *pour faire cesser le feu;* si l'instructeur n'a pas un trompette, il commande :

    CESSEZ LE FEU.

A la sonnerie, ou à ce commandement, les canonniers achèvent de charger les armes et les portent; le sous-instructeur reprend sa place de bataille.

53. Pour faire exécuter les feux par le deuxième rang, l'instructeur commande :

    1. *Feux en arrière.*

    2. CANONNIERS, DEMI-TOUR — (à) DROITE.

Au premier commandement, le serre-file passe vivement par une des ailes du peloton, et se place à un pas (2/3 de mètre) en arrière du premier rang, devenu le deuxième, et vis-à-vis de sa place de bataille. Le sous-instructeur se porte également en arrière pour commander le feu.

Au deuxième commandement, les canonniers exécutent le *demi-tour*, et l'instructeur commande :

1. *Feux de peloton.*

2. COMMENCEZ LE FEU.

Ce qui s'exécute comme il est prescrit nº 51, le deuxième rang prenant la position indiquée pour le premier, et le premier celle prescrite pour le deuxième.

L'instructeur fait cesser le feu comme il est prescrit nº 52.

54. Pour remettre le peloton face en tête, l'instructeur commande :

CANONNIERS, DEMI-TOUR — (à) DROITE.

Pendant ce mouvement, le sous-instructeur et le serre-file reprennent leur place.

55. L'instructeur veille à ce que les canonniers du deuxième rang se placent exactement à leurs créneaux, pour l'exécution des feux, et reprennent ensemble leurs chefs de file en portant les armes. Il recommande au sous-instructeur de ne mettre entre les commandements JOUR et FEU que l'intervalle nécessaire pour laisser aux canonniers le temps de bien ajuster. Il se place de manière à voir les deux rangs et à remarquer les fautes.

L'instructeur recommande aux canonniers le plus grand calme pendant les feux, sans que cela fasse rien perdre de la vivacité dans l'exécution. Il donne pour principe aux hommes du premier rang de conserver le talon gauche en place, afin que l'alignement ne soit pas dérangé ; il vérifie, après les feux, si ce principe a été observé.

Lorsque les canonniers exécutent les feux correctement et avec ensemble, on les fait tirer à poudre.

ARTICLE III.

Marche du peloton en bataille.
Contre-marche.
Des conversions.
Conversions à pivot fixe.
Conversions à pivot mouvant.
Marche oblique individuelle.
Le peloton étant en bataille, rompre par quatre files à droite, et porter la colonne en avant; après la conversion, former le peloton.

Le peloton marchant en bataille, le rompre par quatre files à droite et le remettre en bataille sans arrêter.

Le peloton marchant en colonne par quatre, le mettre en colonne par le flanc sans arrêter.

Le peloton marchant en colonne par le flanc, le mettre en colonne par quatre sans arrêter.

Le peloton marchant en colonne par le flanc, le mettre de front sans arrêter.

Le peloton étant en bataille, faire face en arrière.
Maniement des armes et feux.

MARCHE DU PELOTON EN BATAILLE.

56. Les principes de la marche directe donnent aux canonniers les moyens,

1° De conserver l'alignement en marchant sans se désunir;

2° De ne pas se serrer et de reprendre l'aisance quand ils sont serrés;

3° De ne pas s'ouvrir et de se rapprocher quand ils se sont ouverts;

4° De ne pas jeter le guide hors de sa direction, et de la lui laisser reprendre s'il a été forcé de s'en écarter.

57. Pour se maintenir alignés, les canonniers doivent sentir légèrement le coude de leur voisin du côté du guide, conserver l'aisance des files et marcher à un pas bien cadencé.

Dans tous les instants de la marche, les canonniers doivent céder à la pression qui vient du côté du guide, et résister à celle qui vient du côté opposé.

Si les canonniers sont en avant ou en arrière de l'alignement, trop rapprochés ou trop écartés de leur voisin du côté du guide, ils s'en éloignent ou s'en rapprochent avec modération et en gagnant du terrain en avant.

58. Le brigadier de l'aile opposée au guide n'est pas astreint à conserver la tête directe.

Il doit s'attacher à rester aligné sur le guide et sur l'ensemble de la troupe.

L'instructeur a l'attention de commander le guide à droite et à gauche alternativement, pour que les canonniers prennent une égale habitude des deux alignements.

Lorsqu'après avoir marché on arrête le peloton, l'alignement est commandé du côté où était le guide.

59. Lorsqu'on veut exercer le peloton à la marche directe, on le conduit sur un terrain où il puisse marcher longtemps sans changer de direction.

Le peloton étant en bataille, les canonniers alignés, l'instructeur indique au guide de droite ou de gauche un point fixe dans une direction perpendiculaire au front du peloton; il lui prescrit de prendre un point intermédiaire, de ne jamais perdre de vue ces deux points, afin de se maintenir toujours dans la direction, et d'en choisir un plus éloigné à mesure qu'il approche du premier qu'il a pris. Pour donner le point de direction, l'instructeur se place exactement derrière la file de droite ou de gauche, et indique au canonnier du premier rang un objet dans la campagne, immobile et apparent, tel qu'une maison, un clocher, un moulin, un arbre; il indique ce même objet au canonnier du deuxième rang, qui se maintient toujours à sa distance et en file, de manière que l'homne du premier rang lui cache le point de direction indiqué.

L'instructeur commande ensuite :

1. *Peloton en avant.*

2. *Guide à droite* (ou *à gauche*).

3. MARCHE.

Au commandement MARCHE, les canonniers partent tous ensemble; ils règlent leur pas sur celui du sous-instructeur, qui marche devant le front du peloton; s'ils le perdent, l'instructeur commande :

AU PAS.

Pendant la durée de la marche, l'instructeur se porte, tantôt sur le flanc du côté du guide, pour s'assurer que les canonniers marchent à la même hauteur, tantôt derrière le guide, pour veiller à ce qu'il suive la direction indiquée.

60. Les canonniers sont exercés, en marchant en bataille, à marquer le *pas,* à changer le *pas,* passer du *pas accéléré* au *pas ordinaire,* et du *pas ordinaire* au pas *accéléré.*

61. Pour arrêter le peloton, l'instructeur commande :

1. *Peloton.*

2. HALTE.

3. *A droite* (ou *à gauche*) — ALIGNEMENT.

4. FIXE.

CONTRE-MARCHE.

62. Le peloton étant arrivé à l'extrémité du

terrain, pour le faire changer de direction, l'instructeur commande :

1. *Contre-marche par l'aile droite.*
2. *Canonniers, à droite.*
3. (A) DROITE.
4. *Par file à droite.*
5. MARCHE.

Au premier commandement, le serre-file se porte à trois pas (2 mètres) en arrière de la file de gauche, en-dehors de sa direction, lui tournant le dos.

Au troisième commandement, les canonniers font un *à droite*, l'instructeur se porte à hauteur de la première file et lui fait faire un *demi à droite.*

Au commandement MARCHE, les canonniers partent ensemble ; la première file tourne de suite à droite, et, dirigée par l'instructeur, passe en arrière du deuxième rang.

Tous les autres canonniers tournent successivement sur le même terrain que les premiers.

Quand la tête de la colonne arrive à hauteur du guide placé sur la nouvelle ligne, l'instructeur commande :

1. *Colonne.*
2. HALTE.
3. FRONT.
4. *A droite*—ALIGNEMENT.
5. FIXE.

Au commandement FIXE, le sous-instructeur reprend sa place de bataille.

63. La contre-marche s'exécute par la gauche, suivant les mêmes principes, et par les

moyens inverses, aux commandements : 1. *contre-marche par l'aile gauche* ; 2. *canonnier à gauche* ; 3. (à) GAUCHE ; 4. *par file à gauche* ; 5. MARCHE ; *et* 1. *colonne* ; 2 HALTE; 3. FRONT ; 4. (*à*) *gauche*—ALIGNEMENT ; 5. FIXE.

DES CONVERSIONS.

64. On distingue deux espèces de conversions, la *conversion à pivot fixe* et la *conversion à pivot mouvant*.

La conversion est toujours à *pivot fixe*, excepté dans le cas où l'on commande *tournez*—(à) DROITE ou (à) GAUCHE.

Toute troupe qui converse doit exécuter ce mouvement sans se désunir et sans que l'alignement cesse d'être observé.

Dans toute espèce de conversion, le conducteur de l'aile marchante doit mesurer de l'œil l'arc de cercle qu'il a à parcourir, de manière à ne point faire ouvrir ni serrer les files ; il tourne parfois la tête du côté du pivot, sans appuyer de ce côté, de manière à voir l'ensemble du rang ; s'il s'aperçoit que les canonniers se resserrent ou s'ouvrent, il agrandit ou diminue sans précipitation l'étendue de son cercle, en gagnant plus de terrain en avant que sur le côté.

Chaque canonnier du premier rang doit décrire son arc de cercle en raison de l'éloignement où il se trouve du pivot. Ces différents arcs de cercle devant être parcourus dans un même temps, il est nécessaire que chaque canonnier raccourcisse son pas en proportion de l'aile marchante.

Pendant toute la durée de la conversion, les canonniers doivent avoir la tête légèrement tournée du côté de l'aile marchante, pour régler leur degré de vitesse sur cette aile et se maintenir alignés ; ils doivent aussi sentir légèrement le coude du côté du pivot, afin de rester liés de ce même côté. Les canonniers doivent encore céder à la pression qui vient du côté du pivot, et résister à celle qui vient de l'aile marchante.

Lorsque dans le mouvement les files se sont ouvertes, les canonniers doivent se rapprocher insensiblement du pivot, en dimunuant leur cercle par degrés et gagnant plus de terrain en avant que sur le côté. Dans ce cas, ils donnent alternativement un coup d'œil sur l'aile marchante, ayant soin de se redresser assez à temps pour ne pas forcer le pivot.

Lorsque les canonniers sont trop serrés, ils doivent reprendre l'aisance avec modération en agrandissant leur cercle par degrés et gagnant plus de terrain en avant que sur le côté. A cet effet, ils donnent alternativement un coup d'œil sur l'aile marchante et sur le pivot, ayant soin de se redresser à l'instant où ils ne sentent plus que légèrement le coude du côté du pivot.

Dans toute espèce de conversion, les canonniers doivent cesser de converser et de reprendre la marche directe à la dernière partie du commandement *en*—AVANT, à quelque point que l'on soit de la conversion ; il faut veiller aussi à ce que les ailes qui deviennent pivots ou ailes marchantes ne ralentissent pas le pas ou ne l'augmentent pas avant le commandement d'exécution.

Dans toutes les conversions, les canonniers ont l'attention de ne pas trop tourner la tête, de conserver les épaules carrément dans le rang, de tenir à leurs voisins du côté du pivot, sans écarter le coude, et de réparer sans précipitation les fautes qu'ils peuvent commettre.

CONVERSION A PIVOT FIXE.

65. La conversion à pivot fixe a pour objet principal, lorsque le peloton fait partie de l'escadron, de le faire passer de l'ordre en bataille à l'ordre en colonne, et de l'ordre en colonne à l'ordre en bataille.

Le canonnier qui forme le pivot de la conversion tourne sur lui-même, en marquant le pas.

Le canonnier qui est au pivot doit tourner légèrement la tête vers l'aile marchante, afin de conformer son mouvement au sien, et de rester toujours aligné vers le conducteur de cette aile.

Lorsqu'on est en marche, le pivot arrête, et l'aile marchante exécute son mouvement au même pas qu'avant la conversion.

Lorsqu'après une conversion à pivot fixe on arrête le peloton, l'alignement est toujours commandé du côté de l'aile marchante ; mais comme le pivot ne doit jamais bouger de place, l'aile marchante doit arriver à sa hauteur.

Lorsqu'après une conversion à pivot fixe on porte le peloton en avant, le guide est commandé sur l'aile marchante, immédiatement après le commandement *en*—AVANT, à moins que le mouvement du peloton dans l'escadron n'exige le contraire.

La conversion à pivot fixe est commandée du côté du guide, à moins de nécessité contraire.

66. On commence l'école de conversion par rang de peloton ; à cet effet on porte le premier rang en avant, et on le fait arrêter lorsqu'il se trouve entre les deux rangs une distance double de leur front ; le serre-file reste à sa place, le sous-instructeur se place derrière le premier rang ; chacun d'eux surveille le rang derrière lequel il est placé.

Les rangs étant alignés, l'instructeur commande :

1. *Peloton en cercle à droite (ou à gauche.)*
2. MARCHE.

Au commandement MARCHE, les canonniers se mettent en mouvement, tournant la tête du côté de l'aile marchante. Le canonnier qui conduit cette aile entame franchement la conversion, en faisant le pas de soixante-cinq centimètres (2 pieds), mesurant de l'œil l'étendue du cercle qu'il doit parcourir, pour ne causer ni ouverture ni resserrement dans le rang, et les canonniers restant alignés. Le pivot tourne sur lui-même, en marquant le pas et se réglant, ainsi que les autres canonniers, sur l'aile marchante.

L'instructeur commande aux canonniers de conserver assez d'aisance pour éviter la pression dans les rangs.

67. Lorsque les canonniers ont fait un tour ou deux, l'instructeur, pour arrêter, commande :

1. *Peloton.*
2. HALTE.
3. *A gauche (ou à droite)*—ALIGNEMENT.
4. FIXE.

Au commandement FIXE, replacer la tête directe.

68. On porte ensuite les deux rangs en avant, conservant la même distance entre eux, et on leur fait recommencer le même mouvement de conversion.

Lorsque l'instructeur veut faire reprendre la marche directe, il commande :

1. *En—*AVANT.

2. *Guide à gauche* (ou *à droite*.)

A la dernière partie du premier commandement, qui est AVANT, tous les canonniers se portent en avant, se conformant aux principes de la marche directe.

Au commandement *guide à gauche* ou *à droite*, les canonniers se règlent du côté indiqué.

69. Les canonniers conversant en cercle à droite, pour faire changer le côté de la conversion sans arrêter, l'instructeur commande :

1. *Peloton en cercle à gauche.*

2. MARCHE.

Au commandement MARCHE, l'aile gauche marque le pas et devient pivot. L'aile droite, prenant le pas auquel marchait l'aile gauche, se porte en avant et décrit un cercle proportionné à l'étendue du front.

Lorsque les canonniers commencent à converser régulièrement, l'instructeur exige que les conducteurs des ailes marchantes règlent le pas de manière à arriver ensemble en bataille et en colonne, le conducteur de chaque rang se réglant toujours sur celui qui le précède.

70. Les canonniers étant suffisamment exercés aux conversions par rang, on fait serrer les rangs pour exécuter les conversions par peloton, en suivant la même gradation. L'instructeur commande :

1. *Peloton en cercle à droite (ou à gauche.)*
2. MARCHE.

Au commandement MARCHE, les canonniers du premier rang exécutent leur mouvement comme il est prescrit n° 66; les canonniers du deuxième rang tournent la tête du côté de l'aile marchante, et marchent sur les traces de leurs chefs de file ; celui qui est pivot tourne en obliquant à gauche (ou à droite), pour se maintenir derrière son chef de file.

71. Pour arrêter la conversion, l'instructeur commande :

1. *Peloton.*
2. HALTE.
3. *A gauche* (ou *à droite*)—ALIGNEMENT.
4. FIXE.

Les canonniers exécutent ce qui est prescrit au n° 67.

On porte ensuite le peloton en avant, et on lui fait recommencer le même mouvement de conversion.

72. Lorsque l'instructeur veut faire reprendre la marche directe, il commande :

1. *En* AVANT.
2. *Guide à gauche* (ou *à droite.*)

Les canonniers exécutent ce qui est prescrit au n° 68.

73. Le peloton conversant à droite, pour changer le côté de la conversion, sans arrêter, l'instructeur commande :

1. *Peloton en cercle à gauche.*
2. MARCHE.

Les canonniers exécutent ce qui est prescrit aux n°ˢ 69 et 70.

74. Pour habituer à réparer les fautes, on fait quelquefois appuyer le pivot sur son rang, afin que les canonniers, se sentant pressés, apprennent à gagner du terrain vers l'aile marchante. On fait ensuite porter le pivot du côté opposé à l'aile marchante, ce qui oblige les canonniers à se rapprocher de lui.

75. Le peloton étant de pied ferme, pour le placer dans une direction perpendiculaire à l'ancien front, l'instructeur commande :

1. *Peloton à droite.*
2. MARCHE.
3. HALTE.
4. *A gauche* (ou *à droite*)—ALIGNEMENT.
5. FIXE.

Ce qui s'exécute suivant les principes de la conversion à pivot fixe.

L'instructeur fait le commandement HALTE lorsque l'aile marchante est près de terminer son *quart de conversion.*

76. Le peloton étant de pied ferme, pour faire face en arrière, l'instructeur commande :

1. *Peloton demi-tour à gauche* (ou *à droite.*)
2. MARCHE.
3. HALTE.
4. *A gauche* (ou *à droite*)—ALIGNEMENT.
5. FIXE.

Ce qui s'exécute suivant les principes prescrits n° 75, le peloton parcourant une moitié de cercle équivalente à deux *à droite*.

L'instructeur fait le commandement HALTE lorsque l'aile marchante est près d'arriver face en arrière sur une ligne parallèle à l'ancien front.

77. Le peloton étant de pied ferme, pour le placer vers sa droite ou sa gauche dans une direction oblique à l'ancien front, l'instructeur commande :

1. *Peloton demi à droite* (ou *à gauche*.)
2. MARCHE.
3. HALTE.
4. *A gauche* (ou *à droite*)—ALIGNEMENT.
5. FIXE.

Ce qui s'exécute suivant les principes des conversions à pivot fixe.

L'instructeur fait le commandement HALTE, lorsque l'aile marchante est près d'arriver à la moitié d'un *à droite*, ou d'un *à gauche*.

78. Avant d'aligner le peloton, l'instructeur fait porter le canonnier de l'aile marchante à hauteur du pivot, afin que les canonniers n'aient pas à reculer pour s'aligner.

79. Le peloton étant en marche, l'instructeur lui fait exécuter les mêmes mouvements, aux commandements : 1. *peloton à droite* (ou *à gauche*); *demi-tour à droite* (ou *demi-tour à gauche*); *demi à droite* (ou *demi a gauche*);

2. MARCHE; 3. *En—*AVANT; 4. *guide à gauche* (ou *à droite.*)

Au commandement MARCHE, l'aile qui doit converser tourne au pas auquel la troupe marchait précédemment ; l'aile qui devient pivot arrête.

A la dernière partie du troisième commandement, qui est AVANT, les deux ailes se portent en avant ensemble et au même pas.

L'instructeur veille à ce que les canonniers ne reprennent la marche directe qu'à la dernière partie du commandement *en—*AVANT.

CONVERSION A PIVOT MOUVANT.

80. La conversion à pivot mouvant s'emploie dans les changements de direction successifs en colonne.

Dans cette conversion, le pivot mouvant a pour objet de dégager par degrés le terrain où commence le mouvement, et de l'abandonner en avançant dans la nouvelle direction. Le conducteur de l'aile marchante doit conserver la longueur et la cadence du pas, et décrire son arc de cercle de manière à ne point faire ouvrir ni serrer les files. Le pivot décrit un *arc de cercle de cinq pas* (3 mètres 1/3), en faisant le pas de dix pouces. Dans chaque rang, les canonniers placés depuis l'aile marchante jusqu'au pivot diminuent progressivement la longueur du pas. A la fin d'une conversion à pivot mouvant, tous les canonniers qui ont diminué le pas reprennent celui auquel ils marchaient avant la conversion.

81. Le peloton étant en marche, et supposé tête de colonne, pour lui faire changer de direction, l'instructeur commande :

Tête de colonne à gauche (ou *à droite.*)

A ce commandement, le sous-instructeur commande :

1. *Tournez*—(à) GAUCHE (ou [à] DROITE.)
2. *En*—AVANT.

A la première partie du premier commandement, qui est *tournez*, le pivot se prépare à raccourcir le pas.

2. A la deuxième partie du même commandement, qui est GAUCHE (ou DROITE), le peloton tourne à gauche, ou à droite, le pivot décrivant son arc de cercle en faisant le *pas de six pouces ;* l'aile marchante tourne sans augmenter ni raccourcir le pas ; les autres canonniers font le pas d'une longueur proportionnée à la place qu'ils occupent dans le rang, c'est-à-dire d'autant plus court qu'ils sont plus rapprochés du pivot.

A la dernière partie du deuxième commandement, qui est AVANT, tous les canonniers se portent en avant et reprennent le pas auquel ils marchaient précédemment.

MARCHE OBLIQUE INDIVIDUELLE.

82. Le peloton marchant en bataille, pour lui faire gagner du terrain vers l'un de ses flancs, sans changer de front, l'instructeur commande :

1. *Oblique à droite* (ou *à gauche*.)
2. MARCHE.

Au commandement MARCHE, chaque canonnier fait un *quart d'à droite* ou *d'à gauche*, et se porte droit devant lui dans la nouvelle direction. Les canonniers, n'ayant plus le contact des coudes, doivent régler leur marche de manière que la tête de leur voisin, du côté du guide, leur cache celle des autres canonniers du rang. L'égalité du pas et celle du degré d'obliquité suffisent pour se maintenir aligné.

Les canonniers du deuxième rang se maintiennent à leur distance et dans la direction du canonnier placé à côté de leur chef de file habituel.

Lorsque le peloton a suffisamment obliqué, l'instructeur commande :

En—AVANT.

Les canonniers se conforment à ce qui est prescrit n° 42.

LE PELOTON ÉTANT EN BATAILLE, ROMPRE PAR QUATRE FILES A DROITE, OU A GAUCHE, ET PORTER LA COLONNE EN AVANT APRÈS LA CONVERSION.

83. L'instructeur fait rompre par quatre files à droite, comme il est prescrit n° 35, et la conversion presque terminée, il commande :

1. *En*—AVANT.
2. *Guide à gauche.*

A la dernière partie du premier commandement, qui est AVANT, les canonniers se portent en avant, se conformant aux principes de la marche directe par quatre.

84. Le mouvement s'exécute par la gauche suivant les mêmes principes, et par les moyens inverses.

FORMER LE PELOTON.

85. Le peloton marchant en colonne par quatre, la droite en tête, l'instructeur commande :

1. *Formez le peloton.*
2. MARCHE.
3. *Guide à droite.*

Au commandement MARCHE, le mouvement s'exécute comme il est prescrit pour *l'en avant en bataille*, n° 44, excepté que les quatre premières files continuent de marcher droit devant elles, en faisant le pas de seize centimètres (6 pouces), jusqu'à ce que les dernières files arrivent à leur hauteur ; alors tous les canonniers reprennent le pas auquel ils marchaient précédemment, et se portent en avant, se conformant aux principes de la marche directe.

L'instructeur ne commande le guide que lorsque le peloton est formé.

Lorsqu'on forme le peloton, la colonne marchant la gauche en tête, le guide est indiqué à gauche.

LE PELOTON MARCHANT EN BATAILLE, LE ROMPRE PAR QUATRE FILES A DROITE, OU A GAUCHE, ET LE REMETTRE EN BATAILLE SANS ARRÊTER.

86. L'instructeur commande :

1. *Par quatre files à droite.*
2. MARCHE.
3. *En*—AVANT.
4. *Guide à gauche.*

Et pour le remettre en bataille :

1. *Par quatre files à gauche.*
2. MARCHE.
3. *En*—AVANT.
4. *Guide à droite.*

Ces mouvements s'exécutent comme il est prescrit n° 35.

Si, au lieu de se porter en avant après la conversion, l'on veut arrêter, l'instructeur commande :

3. HALTE.
4. *A droite*—ALIGNEMENT.
5. FIXE.

87. Le mouvement s'exécute par la gauche suivant les mêmes principes et par les moyens inverses.

LE PELOTON MARCHANT EN COLONNE PAR QUATRE, LE METTRE EN COLONNE PAR LE FLANC SANS ARRÊTER.

88. L'instructeur commande :

1. *Canonniers à droite, et dans chaque rang par file à gauche.*
2. MARCHE.
3. *En*—AVANT.
4. *Guide à gauche.*

Au commandement MARCHE, chaque canonnier fait un *à droite*, et la première file de chaque rang de quatre tourne de suite à gauche, et se met en file derrière les canonniers du rang de quatre qui précédait. Les canonniers se trouvent ainsi en colonne par le flanc. Dans ce mouvement, les quatre premières files doivent allonger les premiers pas, afin de ne pas retarder les autres rangs de quatre qui doivent entrer en colonne derrière elles.

89. La colonne ayant la gauche en tête, le mouvement s'exécute suivant les mêmes principes et par les moyens inverses, aux commandements : 1. *canonniers à gauche, et dans chaque rang par file à droite*; 2. MARCHE ; 3. *en—AVANT*; 4. *guide à droite*.

LE PELOTON MARCHANT EN COLONNE PAR LE FLANC, LE METTRE EN COLONNE PAR QUATRE SANS ARRÊTER.

90. Le peloton étant en colonne par le flanc, la droite en tête, l'instructeur commande :

    1. *Formez les rangs de quatre.*
    2. MARCHE.
    3. *Guide à gauche.*

Au Commandement MARCHE, les numéros 1 du premier rang continuent à marcher droit devant eux ; les numéros 2, 3 et 4 du premier rang se portent, en obliquant à gauche et en allongeant le pas, à hauteur du numéro 1.

Les canonniers du deuxième rang se placent derrière leur chef de file, en obliquant à gauche.

LE PELOTON MARCHANT EN COLONNE PAR LE
FLANC, LE REMETTRE DE FRONT SANS AR-
RÊTER.

91. La colonne ayant la droite en tête, l'instructeur commande :

> 1. *Canonniers à gauche.*
> 2. MARCHE.
> 3. *En*—AVANT.
> 4. *Guide à droite.*

Au commandement MARCHE, chaque canonnier exécute un *à gauche*, et au commandement *en*—AVANT, se
porte droit devant lui.

Si, au lieu de se porter en avant après le
mouvement, l'on veut arrêter, l'instructeur
commande :

> 3. HALTE.
> 4. *A droite*—ALIGNEMENT.
> 5. FIXE.

92. La colonne ayant la gauche en tête, le
mouvement s'exécute suivant les mêmes principes et par les moyens inverses.

93. Le peloton marchant en bataille, pour
le mettre en colonne par le flanc sans arrêter, l'instructeur commande :

> 1. *Canonniers à droite.*
> 2. MARCHE.
> 3. *En*—AVANT.
> 4. *Guide à gauche.*

Au commandement MARCHE, chaque canonnier exécute un *à droite*, et se porte ensuite droit devant lui.

94. Pour mettre le peloton en colonne par le flanc, la gauche en tête, le mouvement s'exécute suivant les mêmes principes, et par les moyens inverses.

LE PELOTON ÉTANT EN BATAILLE, FAIRE FACE EN ARRIÈRE.

95. L'instructeur commande :

1. *Canonniers demi-tour*—(à) DROITE.

Le demi-tour exécuté, si l'instructeur veut porter le peloton en avant, après l'avoir aligné à droite, il commande :

1. *Peloton en avant.*
2. *Guide à droite.*
3. MARCHE.

Ce qui s'exécute comme il est prescrit n° 59.

Pour remettre le peloton face en tête, l'instructeur commande :

1. *Canonniers demi-tour*—(à) DROITE.

Le demi-tour exécuté, l'instructeur commande l'alignement à droite.

MANIEMENT DES ARMES ET FEUX.

96. Le peloton est exercé au maniement des armes à rangs ouverts, à rangs serrés, et à l'exécution des feux par le premier et par le deuxième rang, comme dans l'article précédent.

Rassemblement d'une batterie montée, à pied.

Lorsqu'une batterie montée doit prendre les armes à pied, on fait sonner quatre appels consécutifs. A ce signal, les canonniers sont réunis par pièces, par le maréchal-des-logis chef, et inspectés par les officiers de la batterie. Les hommes sont placés sur deux rangs, par rang d'ancienneté, les conducteurs à la gauche, chaque chef de pièce à un pas en arrière du centre de sa pièce, chaque chef de section à un pas en avant du centre de sa section, et le capitaine en second à un pas en arrière du centre du deuxième rang.

Formation d'une batterie montée, à pied, pour une inspection d'un officier supérieur.

La batterie sera d'abord rassemblée et inspectée par ses officiers comme il a été dit ci-dessus, puis les canonniers seront placés sur deux rangs, les canonniers conducteurs à la gauche, et par rang de taille, en allant de la droite à la gauche, les plus grands au premier rang.

Le capitaine en premier se place à un pas en avant du centre du premier rang, le capitaine en second à un pas en arrière du centre du second rang, le lieutenant en premier à un pas en avant du centre de la demi-batterie de droite, le lieutenant en second à un pas en avant du centre de la demi-batterie de gauche, le maréchal-des-logis chef à un pas en arrière de la quatrième file de droite, le fourrier à un pas en arrière de la quatrième file de gauche, un maréchal-des-logis à la droite et à la gauche du premier rang, les autres maréchaux-des-logis à un pas en arrière du deuxième rang, entre le maréchal-des-logis chef et le fourrier, deux brigadiers à la droite des deux rangs de servants, deux autres à la droite des deux rangs de conducteurs, le cinquième et le sixième brigadiers respectivement à la gauche des servants et des conducteurs.

Les trompettes seront placés à quatre pas et à droite du premier rang.

Les hommes étant placés, alignés et au port d'armes, le commandant de la batterie les fait compter par quatre, et si l'on doit rompre par demi-batteries ou par pelotons, il a soin d'indiquer, avant de faire compter, où commence la droite de chaque demi-batterie ou peloton.

Lorsque plusieurs batteries à pied sont sous la même ligne, elles laissent entre elles un intervalle de six pas. Tous les trompettes sont réunis à six pas à droite des batteries.

Lorsqu'on fait ouvrir les rangs, les officiers font face à la troupe à six pas du premier rang. A cet effet, ils se portent en avant et font demi-tour à droite. Les serre-files reculent de manière à se trouver à six pas du second rang.

L'inspection finie, lorsqu'on fait serrer les rangs, tous les officiers se remettent face en tête par un demi-tour à droite.

Dispositions pour défiler.

Pour défiler, le guide est commandé du côté de la personne devant qui l'on défile. Un peu avant d'arriver à la hauteur de cette personne, chaque officier tourne la tête de son côté, et la replace après l'avoir dépassée.

Salut du sabre.

Lorsque les officiers supérieurs et officiers doivent saluer, soit à cheval, soit à pied, de pied ferme ou en marchant, ils le font en quatre temps.

1. A quatre pas de la personne qu'on doit saluer, élever le sabre perpendiculairement, la pointe en haut, le tranchant à gauche, la poignée vis-à-vis et à trente-trois centimè-

tres (1 pied) de l'épaule droite, le coude à seize centimètres (6 pouces) du corps.

2. Baisser la lame en étendant le bras de toute sa longueur, les ongles en-dessus, jusqu'à ce que la pointe du sabre se trouve vers le pied.

3. Relever vivement le sabre, la pointe en haut, comme au premier temps, lorsque la personne qu'on a saluée est dépassée de quatre pas.

4. Porter le sabre à l'épaule.

CANON DE 4, RAYÉ, DE CAMPAGNE.

Il faut six hommes (ou servants) pour le service du canon de 4, rayé, de campagne.

1. Un premier servant de droite : Il est chargé du maniement de l'écouvillon. — 2. Un premier servant de gauche : Il approvisionne la pièce et introduit la charge. On le nomme aussi *Pourvoyeur*. — 3. Un pointeur : Il dirige la pièce et dégorge. — 4. Un pointeur-servant : Il aide le pointeur à placer la pièce dans la direction du but. Il amorce et met le feu. — (Ces quatre hommes sont placés autour de la pièce.)

5. Un second servant de droite (garde-

coffre) : C'est l'artificier, ou un canonnier en remplissant les fonctions. Il distribue les munitions aux *Pourvoyeurs*. — 6. Un second servant la gauche : Il alterne avec le premier servant de gauche pour approvisionner la pièce et introduire la charge. On le nomme aussi *Pourvoyeur*. — (Ces deux hommes sont placés à l'avant-train.)

Le texte se divise en quatre parties.

LA PREMIÈRE PARTIE est consacrée à l'ÉCOLE DU CANONNIER.

L'ÉCOLE DU CANONNIER a pour objet l'instruction individuelle et progressive des recrues. Elle se divise en quatre leçons.

Ire LEÇON.

Fonctions du premier servant de droite.

IIe LEÇON.

Fonctions du premier servant de gauche.

IIIe LEÇON.

Fonctions du pointeur.

IVe LEÇON.

Fonctions du pointeur-servant.

LA DEUXIÈME PARTIE a pour objet l'instruction d'ensemble des quatre servants autour de la pièce. Elle se divise en deux articles.

ARTICLE I.

Charge en six temps.

Changer de postes.

ARTICLE II.

A bras en avant.
A bras en arrière.

LA TROISIÈME PARTIE a pour objet l'instruction d'ensemble des six servants nécessaires pour le service complet de la pièce, en ce qui concerne l'exécution de la bouche à feu, et l'instruction pour le service de plusieurs bouches à feu réunies.

Elle se divise en trois articles.

ARTICLE I.

Formation du peloton de la pièce.
Entrer au parc. — Entrer en batterie.
Conduire la pièce au champ de manœuvre.
Ôter l'avant-train.
Amener l'avant-train.
Amener l'avant-train en avant.
Sortir de batterie. — Sortir du parc.

ARTICLE II.

Charge à volonté.
Cesser le feu.
Feu en arrière.
Remplacement des hommes manquants.
En parade.

ARTICLE III.

Formation du détachement pour le service de plusieurs bouches à feu réunies.

Entrer en parc.
Entrer en batterie.
Sortir de batterie.
Sortir du parc.

LA TROISIÈME PARTIE comprend, en outre, deux NOTES : l'une SUR LE POINTAGE, fournissant à l'instructeur, dans un détail suffisant, les considérations qu'il doit faire comprendre aux canonniers, pour leur expliquer les procédés du pointage; l'autre SUR LE CHARGEMENT DES COFFRES, indiquant la composition du chargement et le mode à suivre pour distribuer les munitions.

LA QUATRIÈME PARTIE a pour objet d'enseigner les diverses manœuvres de force nécessaires pour remettre en état de service une pièce qui a souffert de graves dégradations dans une de ses parties principales (une roue, la pièce ou l'affût), soit par le feu de l'ennemi, soit par la difficulté des chemins, etc.

Elle se divise en quatre articles relatifs chacun à une des manœuvres de force qu'on peut exécuter avec les seules ressources que présentent les armements dont la pièce est pourvue.

ARTICLE I.

Changer une roue.

ARTICLE II.

Descendre une pièce de son affût.

ARTICLE III.

Monter une pièce sur son affût.
Changer un affût.

ARTICLE IV.

Transporter la pièce avec l'avant-train, et
la décharger.

Cette QUATRIÈME PARTIE se termine :

1° Par une NOTE relative à la manière de
descendre et de monter les coffres à munitions.

2° Par une NOMENCLATURE EXPLICATIVE
des principales parties de la pièce, de l'affût,
de l'avant-train, des armements, des munitions, etc., etc.

———

PREMIÈRE PARTIE.

ECOLE DU CANONNIER.

1. La leçon relative aux fonctions du premier servant de droite est divisée par *temps,*
qui se subdivisent en *mouvements.*

La division par *temps* a pour but d'arrêter

le servant sur les circonstances les plus importantes de la charge.

La décomposition en *mouvements* fait connaître à l'homme de recrue le mécanisme de la manœuvre, et donne à l'instructeur les moyens de saisir jusqu'aux moindres détails de l'exécution.

Les autres leçons sont seulement divisées par *temps*.

2. L'ÉCOLE DU CANONNIER étant la base de l'instruction, on doit y retenir assez longtemps l'homme de recrue, pour lui en inculquer les principes d'une manière invariable.

L'instructeur ne fait jamais exécuter un *mouvement* avant d'en avoir donné l'explication littérale. Il exécute toujours lui-même le *mouvement* qu'il commande, afin de joindre l'exemple au précepte.

Il accoutume l'homme de recrue à prendre de lui-même la position démontrée; ne le touche, pour la rectifier, que lorsque son défaut d'intelligence l'exige, et veille à ce que tous les *mouvements* soient exécutés avec calme et sans précipitation.

Chaque *mouvement* doit être parfaitement compris, avant que l'instructeur ne fasse passer à un autre.

3. L'instructeur rappelle, en peu de paroles claires et précises, les explications qui n'ont pas été comprises, et, afin de ne pas surcharger la mémoire des canonniers, il se sert

toujours des mêmes termes pour démontrer les mêmes principes. Il soutient l'attention par un ton animé, et fait recommencer plusieurs fois, s'il est nécessaire, l'exécution d'un même commandement.

4. Certaines explications, indispensables pour fixer les idées de l'instructeur, ne pourraient être débitées sur le terrain sans fatiguer inutilement l'attention de l'homme de recrue; elles sont imprimées en caractères plus fins que celui du texte. L'instructeur doit se pénétrer de leur esprit, mais s'abstenir de les réciter.

Les détails qui ne sont pas indispensables à l'intelligence du *mouvement* et à son exécution, mais qui sont nécessaires pour obtenir de l'uniformité dans les régiments et fixer invariablement les manœuvres, sont renvoyés à la suite des leçons.

5. L'instructeur réunit trois ou quatre hommes pour les deux premières leçons, et six hommes, au plus, pour les suivantes.

Il instruit successivement chaque canonnier, en répétant le détail des fonctions que cet homme doit remplir. Les canonniers au repos participent à la leçon, en observant attentivement celui qui est exercé. L'instructeur veille à ce qu'ils écoutent constamment ses explications.

6. L'instructeur fait précéder chaque séan-

ce, de la nomenclature qui est propre à la leçon.

Pendant les repos, il donne la nomenclature complète de l'affût, de la pièce, de l'avant-train, des armements, etc., telle qu'elle se trouve à la fin du chapitre.

7. L'instructeur fait reposer les hommes de temps en temps ; à cet effet, il commande :

REPOS.

Au commandement REPOS, le canonnier n'est plus tenu de garder l'immobilité, ni de rester en place.

Si l'instructeur ne veut que soulager l'attention du canonnier, il commande :

En place—REPOS.

A la dernière partie du commandement, qui est REPOS, le canonnier n'est plus astreint à garder l'immobilité ; mais il conserve toujours l'un ou l'autre pied en place.

8. Lorsque l'instructeur veut reprendre l'instruction, il commande :

GARDE A VOUS.

Au commandement GARDE A VOUS, le canonnier prend sa position, garde l'immobilité, et fixe son attention.

9. Les canonniers sont en veste et bonnet de police.

La pièce est au champ de manœuvre, sans avant-train, la Hausse latérale dans son canal, un levier dans les anneaux de pointage. L'écouvillon est posé entre le flasque droit et la pièce, le refouloir à terre.

Les armements sont suspendus au bouton de culasse.

Ire LEÇON.

FONCTIONS DU PREMIER SERVANT DE DROITE.

10. L'instructeur place les hommes de recrue sur un rang, à gauche de la pièce, y faisant face, et donne la nomenclature suivante, en indiquant de la main les objets, à mesure qu'il les nomme :

LE CANON DE 4, RAYÉ, DE CAMPAGNE. (*On donne aussi aux canons les noms de* PIÈCE *ou* BOUCHE A FEU; *on désigne souvent par les mêmes noms la réunion de la bouche à feu et de son affût*) : L'âme; ses six rayures. — La bouche. — La tranche de la bouche. — Le bourlet en tulipe. — La volée. — La lumière.

L'ÉCOUVILLON : La hampe. — La brosse. — Le refouloir; son godet. — La virole de la hampe (en fer); il y en a deux; la virole de la brosse (en cuivre); la virole de tête de refouloir (en cuivre.)

L'AFFUT : La crosse. — L'essieu. — Les

flasques. — La roue : les rais ; les jantes ; le moyeu.

Une pièce est en batterie quand, la crosse reposant à terre, la volée est dirigée vers le but à battre.

La pièce étant en batterie, sa droite et sa gauche sont la droite et la gauche de l'homme placé en arrière de l'affût et faisant face du côté de la volée.

11. L'instructeur appelle un homme sur le côté droit de la pièce, le dénomme *Premier servant de droite,* lui remet l'écouvillon, et lui fait les commandements suivants :

A VOS POSTES.

Un temps.

Au commandement A VOS POSTES, se placer à 50 centimètres en dehors de la roue (mesure prise de la poitrine), le côté gauche à hauteur de la tranche de la bouche, à la position du canonnier à pied.

Tenir l'écouvillon, la brosse à gauche, la main droite vers le milieu de la hampe, la main gauche à 50 centimètres environ de la droite, l'une et l'autre les ongles en dessus ; les bras pendant naturellement ; la brosse un peu plus bas que le refouloir.

En action,

Un temps.

12. Au commandement En action, rester immobile.

Chargez.

Un temps, cinq mouvements.

13. 1. Au commandement Chargez,
élever l'écouvillon parallèlement à la direction des épaules et à leur hauteur, en
tendant le bras droit; laisser glisser la
hampe dans la main gauche, le bras
ployé, le coude au corps, le poignet touchant le milieu de la poitrine, la main
détachée du corps (à 10 centimètres environ); porter le pied gauche à hauteur de
la tranche de la bouche, à distance égale
de la roue et de la pièce; assembler du
pied droit.

2. Écarter le pied droit à 50 centimètres du gauche, en tendant le jarret gauche et ployant le droit; présenter la
brosse à la bouche de la pièce, sans l'engager, la hampe dans le prolongement
de l'âme.

Les talons sur une ligne parallèle à la
direction de la pièce; les pieds tournés en

dehors, mais inégalement, le droit devant être plus ouvert que le gauche; le corps d'aplomb sur les hanches; les épaules effacées, en refusant légèrement la droite.

En règle générale, dans le maniement de l'écouvillon, le premier servant doit ployer le jarret du côté où il porte le corps, et tendre l'autre. Cette indication ne sera plus répétée dans les *mouvements* qui vont suivre.

Après chaque *mouvement,* le canonnier doit conserver l'immobilité des pieds et l'aplomb du corps.

3. Jeter un coup d'œil sur la lumière pour s'assurer qu'elle est bouchée; engager la brosse dans l'âme; l'enfoncer en ramenant le coude droit au corps, la main droite vis-à-vis le milieu de la poitrine; placer en même temps la main gauche à plat sur le côté de la cuisse; fixer les yeux sur la lumière.

Si, à partir de cet instant, la lumière cesse d'être bouchée, le premier servant de droite abandonne l'écouvillon, en disant : *Bouchez la lumière.*

4. Glisser la main droite le long de la hampe jusqu'à la virole de tête de refouloir.

5. Pousser la brosse jusqu'au fond de

l'âme; replacer la main gauche à la hampe, à 16 centimètres de la droite, les ongles en dessous.

ÉCOUVILLONNEZ.

Un temps, huit mouvements.

14. 1. Au commandement ÉCOUVILLON-NEZ, tourner trois fois l'écouvillon de droite à gauche et de dessus en dessous; le tourner ensuite trois fois dans l'autre sens, les yeux toujours fixés sur la lumière; replacer la main gauche à plat sur le côté de la cuisse.

2. Retirer en partie l'écouvillon, le bras tendu.

Le premier servant doit avoir le bras tendu, sans s'occuper de la longueur dont l'écouvillon sort de la bouche à feu.

3. Glisser la main droite le long de la hampe; la saisir vers le milieu.

4. Retirer entièrement l'écouvillon, le bras tendu, la hampe dans le prolongement de l'âme; placer la main gauche ouverte sur la hampe, le pouce en dessous.

5. Faire mouliner l'écouvillon.

Dresser l'écouvillon, la brosse en bas, la main gauche imprimant le mouvement en appuyant sur la hampe; ployer en même temps le bras droit pour ramener le poignet vis-à-vis le milieu de la poitrine, le coude au corps. Dès que la hampe est verticale, la saisir avec la main gauche près et au-dessus de la main droite, le pouce en dessus, et, sans marquer de temps d'arrêt, achever de faire tourner l'écouvillon entre la pièce et le corps, en tendant le bras droit, la hampe glissant dans la main gauche jusqu'à la virole de tête de refouloir; retourner vivement la main droite, les ongles en-dessous.

6. Engager le refouloir dans l'âme; l'enfoncer en ramenant le coude droit au corps, la main droite vis-à-vis le milieu de la poitrine; placer en même temps la main gauche à plat sur le côté de la cuisse.

7. Glisser la main droite le long de la hampe jusqu'à la virole de la brosse.

8. Pousser le sachet avec précaution jusqu'au fond de l'âme.

REFOULEZ.

Un temps, treize mouvements.

15. 1. Au commandement REFOULEZ, presser doucement sur le sachet.

2. Retirer l'écouvillon en partie, le bras tendu.

3. Glisser la main droite le long de la hampe; la saisir vers le milieu.

4. Retirer entièrement l'écouvillon, le bras tendu, la hampe dans le prolongement de l'âme; placer la main gauche ouverte sur la hampe, le pouce en dessous.

5. L'obus étant placé à l'entrée de l'âme, coiffer la fusée avec le godet du refouloir; replacer la main gauche à plat sur le côté de la cuisse; enfoncer l'obus à moitié.

6. Glisser la main droite le long de la hampe jusqu'à la virole de la brosse.

7. Pousser l'obus avac précaution jusque sur le sachet.

7. Retirer l'écouvillon en partie, le bras tendu.

9. Glisser la main droite le long de la hampe; la saisir vers le milieu.

10. Retirer entièrement l'écouvillon, le bras tendu, la hampe dans le prolongement de l'âme; placer la main gauche ouverte sur la hampe, le pouce en dessous.

11. Se relever sur la jambe gauche; assembler du pied droit; dresser en même

temps l'écouvillon, le refouloir en bas, la main gauche imprimant le mouvement en appuyant sur la hampe ; ployer le bras droit pour ramener le poignet vis-à-vis le milieu de la poitrine, le coude au corps.

12. Faire en arrière un grand pas du pied droit, pour le porter à la position d'où il est parti ; assembler du pied gauche, en achevant de faire tourner l'écouvillon, recevoir la hampe dans la main gauche, les ongles en dessus, le bras gauche tombant naturellement ; retourner vivement la main droite, les ongles en dessus.

13. Écarter le pied gauche à 65 centimètres du droit, en tendant le jarret droit et ployant le gauche ; fixer les yeux sur la bouche de la pièce.

Les talons sur une ligne parallèle à la direction de la pièce ; les pieds tournés en dehors, mais inégalement, le droit devant être plus ouvert que le gauche ; le corps d'aplomb sur les hanches ; les épaules effacées, en refusant légèrement la droite.

Pièce—FEU.

Un temps.

16. Le coup parti, se relever sur la jambe droite; assembler du pied gauche.

CESSEZ LE FEU.

Un temps.

17. Au commandement CESSEZ LE FEU, rester immobile.

18. Au commandement REPOS, ou *En place—*REPOS, poser l'écouvillon entre le flasque droit et la pièce, le refouloir à terre.

19. La position de l'homme à la pièce doit être telle qu'il soit effacé, et qu'il puisse voir la lumière. Les talons placés sur une ligne parallèle à la direction de la pièce, et le pied droit plus ouvert que le gauche (2e *mouvement* du commandement CHARGEZ, n° 13), donnent au canonnier le moyen de satisfaire à cette double condition.

Il est très important que le canonnier ait le jarret droit tendu pendant le premier *mouvement* du commandement ÉCOUVILLONNEZ, afin de tenir constamment la brosse au fond de l'âme.

L'instructeur explique à l'homme de recrue que les talons sont placés sur une ligne parallèle à une direction, lorsque la ligne qui les joint est partout à égale distance de cette direction; que la hampe de l'écouvillon est verticale, lorsque, dressée en l'air, elle ne penche pas plus d'un côté que de l'autre; qu'elle est horizontale ou de niveau, lorsqu'elle est partout également éloignée de terre.

IIe LEÇON.

FONCTIONS DU PREMIER SERVANT DE GAUCHE.

20. L'instructeur, place les hommes de recrue sur un rang, à droite de la pièce, y faisant face; il répète la nomenclature de la première leçon, et donne, de plus, la nomenclature suivante, en indiquant de la main les objets, à mesure qu'il les nomme :

LA CHARGE, composée de deux parties séparées : Le sachet (contenant la poudre.) — Le projectile : Obus : la lumière; la fusée, ses évents; les 12 ailettes. — Obus à balles : même nomenclature que l'obus; il est peint en rouge. — Boîte à mitraille : Le cylindre; les deux culots.

LE SAC A CHARGES : Le corps; l'intérieur est divisé en deux compartiments; la banderolle; le couvercle.

LE DÉBOUCHOIR.

L'instructeur explique que *décoiffer l'obus,*

c'est enlever le ruban de fil qui recouvre l'un des évents de la fusée. (Cet évent est celui qui correspond à la plus grande distance.)

21. L'instructeur appelle un homme sur le côté gauche de la pièce, le dénomme *Premier servant de gauche,* l'équipe d'un sac à charges pendant de droite à gauche, et lui fait les commandements suivants :

A VOS POSTES.

Un temps.

Au commandement A VOS POTES, se placer à 50 centimètres en dehors de la roue (mesure prise de la poitrine), le côté droit à hauteur de la tranche de la bouche, à la position du canonnier à pied.

EN ACTION.

Un temps.

22. Au commandement EN ACTION, faire un à droite et se porter, au pas de course, au coffre à munitions ; y approvisionner son sac.

CHARGEZ.

Un temps.

23. Au commandement CHARGEZ, revenir au pas de course se placer à 50 centimètres et à hauteur du moyeu, face à

la pièce; prendre l'obus dans la main gauche, et saisir le débouchoir avec la main droite; déboucher l'évent de la fusée, quand il y a lieu, en enlevant avec la pointe du débouchoir la petite rondelle de cuir qui le bouche; replacer le débouchoir; prendre le sachet dans la main droite, le culot à droite.

Lorsqu'on charge à mitraille, le premier servant de gauche prend, en arrivant à la pièce, le sachet dans la main droite, le culot à droite, et la boîte à mitraille dans la main gauche.

ÉCOUVILLONNEZ.

Un temps.

24. Au commandement ÉCOUVILLONNEZ, faire un demi à gauche; se porter rapidement par trois pas, en partant du pied gauche, à distance égale de la roue et de la pièce; le côté droit à hauteur de la tranche de la bouche, les talons écartés de 90 centimètres environ.

Dès que le premier servant de droite a retiré l'écouvillon, introduire le sachet dans l'âme, le culot le premier.

REFOULEZ.

Un temps.

25. Au commandement REFOULEZ, dès que l'écouvillon est retiré, introduire l'obus dans l'âme, le culot le premier, en engageant doucement les ailettes dans les rayures; se retirer à 50 centimètres et à hauteur du moyeu, par un pas en arrière du pied gauche et deux pas vers la droite; tourner sur la pointe du pied gauche pour se placer face à la pièce.

Lorsqu'on charge à mitraille, le premier servant de gauche, dès que l'écouvillon est retiré, introduit la boîte à mitraille dans l'âme.

Pièce—FEU.

Un temps.

26. Au commandement *Pièce—FEU,* rester immobile.

CESSEZ LE FEU.

Un temps.

27. Au commandement CESSEZ LE FEU, se porter par un pas du pied gauche à 50 centimètres en dehors de la roue (mesure prise de la poitrine), le côté droit à hauteur de la tranche de la bouche; reprendre la position A VOS POSTES.

IIIe LEÇON.

FONCTIONS DU POINTEUR.

28. L'instructeur place les hommes de recrue sur un rang, à droite de la pièce, y faisant face, et donne la nomenclature suivante, en indiquant de la main les objets, à mesure qu'il les nomme :

Canon de 4, rayé, de campgne : La culasse. — La plate-bande de culasse. — La hausse médiane : La bride ; la vis de pression ; les divisions ; le cran de mire. — Le cul-de-lampe. — Le bouton de culasse. — Le canal de la Hausse latérale. — La Hausse latérale : Le curseur ; la vis de pression ; le croisillon ; les divisions. — Le guidon, placé sur l'embase du tourillon droit. — Le cran de mire du bourlet. — Les anses.

Affut : La crosse. — Les poignées de crosse. — Les anneaux de pointage. — La vis de pointage : Le corps ; la manivelle et ses branches.

Le levier : Le petit bout. — Le corps. — Le gros bout. — L'arrêtoir.

Le sac à étoupiles : Le corps. — La ceinture. — Le couvercle, garni en dedans d'une gaîne pour la Hausse latérale.

LE DÉGORGEOIR.

LE DOIGTIER.

29. L'instructeur appelle un homme sur le côté gauche de la pièce, le dénomme *Pointeur*, l'équipe d'un sac à étoupilles en ceinture et d'un doigtier pour le doigt-milieu de la main gauche, et lui fait les commandements suivants :

A VOS POSTES.

Un temps.

Au commandement A VOS POSTES, se placer à 50 centimètres en dehors de la roue (mesure prise de la poitrine), à hauteur de milieu du levier du pointage, à la position du canonnier à pied.

EN ACTION.

Un temps.

30. Au commandement EN ACTION, faire un demi à gauche ; porter le pied droit d'équerre avec la flèche, la pointe du pied droit à hauteur et à 16 centimètres de la poignée de crosse ; porter la pointe du pied gauche à hauteur du bouton de culasse, le pied gauche parallèle à la pièce ; se baisser en tendant le jarret droit et ployant le gauche ; boucher la lumière avec le doigt-milieu de la main gauche,

le pouce derrière la plate-bande de la culasse ; saisir de la main droite l'une des branches de la manivelle de la vis de pointage ; lever ou baisser la volée pour qu'on puisse charger commodément.

CHARGEZ.

Un temps.

31. Au commandement CHARGEZ, répéter le commandement CHARGEZ, en conservant la même position.

ECOUVILLONNEZ.

Un temps.

32. Au commandement ÉCOUVILLON-NEZ, continuer de boucher la lumière, en conservant la même position.

REFOULEZ.

Un temps.

33. Au commandement REFOULEZ, dès que le premier servant de droite se retire à son poste, cesser de boucher la lumière ; pointer la pièce (voir le n° 37 et la Note sur le pointage). La pièce pointée, se relever sur la jambe gauche ; assembler du pied droit ; saisir le dégorgeoir de la main droite, et dégorger. Faire un à droite et demi, et se retirer à son poste

par deux pas égaux, en partant du pied droit; tourner sur la pointe du pied gauche pour se placer face au levier du pointage ; replacer le dégorgeoir.

*Pièce—*FEU.

Un temps.

34. A la dernière partie du commandement qui est FEU, donner le signal de faire FEU, en étendant le bras droit en avant; reprendre la position du canonnier à pied.

CESSEZ LE FEU.

Un temps.

35. Au commandement CESSEZ LE FEU, rester immobile.

36. La position du pied droit, à hauteur de la poignée de crosse, ne doit pas être considérée comme absolue (commandement EN ACTION, n° 30). Elle est indiquée comme étant la plus ordinaire ; mais le canonnier peut, suivant sa taille, porter le pied en avant ou en arrière, si cela est nécessaire pour qu'il soit commodément placé.

La lumière doit être bouchée avant que la brosse ne soit introduite dans l'âme, et rester bouchée jusqu'à ce que le premier servant de droite se retire à son poste.

9

37. Pour donner la hausse et pointer la pièce avec la Hausse latérale, le pointeur place le curseur à la division prescrite, serre la vis de pression, s'assure que la Hausse est à fond dans son canal, et se penche, en inclinant la tête à droite, de manière à porter l'œil droit le plus près possible du croisillon; fermant alors l'œil gauche, et s'appuyant de la main gauche sur la plate-bande de culasse, le pouce contre le cul-de-lampe, il vise par le centre du croisillon, de manière à apercevoir le sommet du guidon placé sur l'embase du tourillon droit, et l'objet à battre; il lève ou baisse la culasse au moyen de la vis de pointage, qu'il manœuvre avec la main droite, et rectifie la direction de la pièce, par les mouvements qu'il fait donner à la crosse, jusqu'à ce que son œil rencontre le but.

Pour faire rendre la crosse à droite, il frappe légèrement sur le côté gauche de la flèche avec le dos de la main droite; pour faire rendre la crosse à gauche, il frappe sur le côté droit de la flèche avec la paume de la main.

Pour donner la hausse et pointer la pièce avec la Hausse médiane, le pointeur place la Hausse à la division prescrite, serre la vis de pression, et se penche de manière à porter l'œil droit à 8 centimètres environ de la plate-bande de culasse; fermant alors l'œil gauche, et plaçant la main gauche près de la Hausse,

il vise par les crans de mire de la Hausse et
du bourlet, lève ou baisse la culasse et rectifie la direction jusqu'à ce que son œil rencontre le but.

IVᵉ LEÇON.

FONCTIONS DU POINTEUR-SERVANT.

38. L'instructeur place les hommes de recrue sur un rang, à gauche de la pièce, y faisant face, et donne la nomenclature suivante, en indiquant de la main les objets, à
mesure qu'il les nomme :

LE TIRE-FEU : La bobine. — Le cordon : Le
bracelet (en cuir); son passant coulant; le
nœud, à 50 cent. de l'extrémité du bracelet.

L'ÉTOUPILLE : Le crochet. — La boucle. —
Le tube.

39. L'instructeur appelle un homme sur le
côté droit de la pièce, le dénomme *Pointeur-
servant*, l'équipe d'un sac à étoupilles en ceinture, place le tire-feu dans le sac à étoupilles,
et fait les commandements suivants :

A VOS POSTES.

Un temps.

Au commandement A VOS POSTES, se
placer à 50 centimètres en dehors de la

roue (mesure prise de la poitrine) à hauteur du milieu du levier de pointage, à la position du canonnier à pied.

EN ACTION.

Un temps.

40. Au commandement ÉN ACTION, prendre le tire-feu dans le sac à étoupilles; engager le poignet gauche dans le bracelet, et serrer le passant coulant; tenir la bobine et le crochet dans la main gauche, de manière que le cordon ne traîne pas à terre; faire un demi à gauche; porter le pied droit à 25 centimètres environ et à hauteur du petit bout du levier de pointage; faire, sans assembler, un à droite et demi sur la pointe du pied droit, et porter le pied gauche à 50 centimètres environ du pied droit, à hauteur du petit bout de levier, saisir le levier des deux mains, les ongles en dessus, la main droite à l'extrémité du levier; placer la pièce dans la direction du but.

Après avoir placé la pièce dans la direction du but, le pointeur-servant doit poser la crosse à terre, sans frapper.

Quand le pointeur-servant agit autour de

la pièce, il tient la bobine et le crochet du tire-feu dans la main gauche ou dans la main droite, selon sa commodité.

CHARGEZ.

Un temps.

41. Au commandement CHARGEZ, conserver la même position.

ECOUVILLONNEZ.

Un temps.

42. Au commandement ÉCOUVILLONNEZ, conserver la même position.

REFOULEZ.

Un temps.

43. Au commandement REFOULEZ, rendre doucement la crosse du côté indiqué par les signes du pointeur. Dès que le pointeur se relève, abandonner le levier; se relever; se porter à la culasse; prendre en même temps une étoupille, et redresser la boucle perpendiculairement au tube; engager le crochet du tire-feu dans la boucle de l'étoupille, de dessus en dessous. Introduire, avec la main droite, l'étoupille à fond dans la lumière, la boucle du côté du bouton de culasse. Se retirer en demi à gauche, en portant

le pied droit en arrière à hauteur de la plaque d'appui de roue et à 30 centimètres en dehors de la roue. Écarter le pied gauche à 65 centimètres du droit, en tendant le jarret gauche et ployant le droit ; faire glisser la bobine avec la main droite à 50 centimètres environ du nœud, le cordon légèrement tendu.

Pièce—FEU.

Un temps.

44. A la dernière partie du commandement, qui est FEU, au signal du pointeur, ramener brusquement la bobine contre le nœud, en suivant la direction du cordon. Le coup parti, reprendre la position A VOS POSTES.

CESSEZ LE FEU.

Un temps.

45. Au commandement CESSEZ LE FEU, replacer le tire-feu dans le sac à étoupilles.

DEUXIÈME PARTIE.

INSTRUCTIONS D'ENSEMBLE DES QUATRE SERVANTS AUTOUR DE LA PIÈCE.

46. Les canonniers sont en veste et bonnet de police.

La pièce est au champ de manœuvre, sans avant-train, un levier dans les anneaux de pointage, la Hausse latérale dans son canal ; l'écouvillon est posé entre le flasque droit et la pièce, le refouloir à terre ; les armements sont suspendus au bouton de culasse ; le doigtier est dans un des sacs à étoupilles, le tire-feu dans l'autre.

47. L'instructeur place les quatre servants sur un rang, face à la bouche de la pièce.

Il les dénomme, en commençant par la droite : *Premier servant de gauche, Pointeur, Premier servant de droite, Pointeur-servant.* Il les équipe des armements attribués au poste que chacun doit occuper, puis il commande :

A VOS POSTES.

Un temps.

Au commandement A VOS POSTES, les canonniers prennent leurs postes comme il est prescrit (n°s 11, 21, 29 et 30).

ARTICLE Iᵉʳ.

Charge en six temps.
Changer de postes.

CHARGE EN SIX TEMPS.

48. Les canonniers, manœuvrant réunis, doivent seulement marquer les *mouvements* qui composent les *temps*, et ne s'arrêter qu'après avoir complètement exécuté chacun des commandements.

A cet effet, dans les *mouvements* où il leur est prescrit d'assembler, soit pour se porter ensuite en avant ou en arrière, soit pour se fendre à droite ou à gauche, ils doivent seulement rapprocher les talons, et placer de suite le pied à la position à laquelle il doit arriver.

49. L'instructeur voulant faire exécuter la charge en six temps, commande : *Charge en six temps.*

1. EN ACTION.

Au commandement EN ACTION, le premier servant de gauche se porte, au pas de course, au coffre à munitions, et y approvisionne son sac. Le pointeur-servant prend le tiré-feu, et se porte au levier de pointage. Le pointeur se porte à la culasse, fait donner par le pointeur-servant la première direction à la pièce, dispose la volée pour qu'on puisse char-ger commodément, et bouche la lu-mière.

2. CHARGEZ.

Au commandement CHARGEZ, le poin-teur répète le commandement CHARGEZ, et continue de boucher la lumière.

Le premier servant de droite se porte à la pièce, et enfonce l'écouvillon jus-qu'au fond de l'âme. Le premier servant de gauche revient à la pièce, au pas de course; se place à 50 centimètres et à hauteur du moyeu, face à la pièce; prend l'obus de la main gauche; débouche l'é-vent de la fusée, quand il y a lieu, et prend le sachet de la main droite.

Quand on charge à mitraille, le premier servant de gauche, en arrivant à la pièce, prend la boîte à mitraille dans la main gau-che, et le sachet dans la main droite.

3. ÉCOUVILLONNEZ.

Au commandement ÉCOUVILLONNEZ, le premier servant de droite écouvil-lonne, et retire l'écouvillon. Le premier servant de gauche se porte vivement à distance égale de la roue et de la pièce, le côté droit à hauteur de la tranche de la bouche, et introduit le sachet dans l'âme. Le premier servant de droite enfonce le sachet, avec précaution, jusqu'au fond de l'âme.

4. REFOULEZ.

Au commandement REFOULEZ, le premier servant de droite presse légèrement sur le sachet. Le premier servant de gauche introduit l'obus (ou la boîte à mitraille) dans l'âme, et se retire à 50 centimètres de la roue, à hauteur du moyeu. Le premier servant de droite pousse l'obus (ou la boîte à mitraille), avec précaution, jusque sur le sachet ; se retire, et se fend vers la fusée de l'essieu.

Au moment où le premier servant de droite se retire, le pointeur cesse de boucher la lumière ; pointe la pièce ; se relève sur la jambe gauche, dégorge, et se retire à son poste. Le pointeur-servant rend doucement la crosse à droite ou à gauche, d'après les signes du pointeur ; au moment où le pointeur se relève, il se porte à la lumière ; prend une étoupille ; engage le crochet du tire-feu dans la boucle de l'étoupille ; amorce ; se retire en demi à gauche, en se fendant de la jambe gauche ; et saisit la bobine de la main droite, le cordon légèrement tendu.

5. *Pièce—*Feu.

A la dernière partie du commandement, qui est Feu, le pointeur donne le signal, en étendant le bras droit en avant. Le pointeur-servant met le feu. Le coup parti, le premier servant de droite et le pointeur-servant reprennent la position A vos postes.

6. Cessez le feu.

Au commandement Cessez le feu, le premier servant de gauche reprend la position A vos postes. Le pointeur-servant replace le tire-feu dans le sac à étoupilles.

50. Les canonniers doivent exécuter tous les commandements en silence, avec ordre, ensemble et précision, sans tourner les yeux du côté d'où vient la voix. L'exécution de chaque commandement doit être suivie d'une immobilité parfaite.

L'instructeur met, en conséquence, l'intervalle convenable entre les commandements.

Il veille à ce que le premier servant de droite maintienne bien la brosse au fond de l'âme en écouvillonnant, prescription qui sera remplie si le premier servant de droite conserve le jarret extérieur tendu pendant le *mouvement* d'écouvillonner. L'instructeur reconnaît aussi que la charge est arrivée au fond de l'âme, si le premier servant de droite a le coude au corps et le jarret extérieur tendu, après qu'il a enfoncé le refouloir.

L'instructeur désigne, en indiquant la hausse, au pointeur et au pointeur-servant, un but sur lequel la pièce doit être dirigée.

Il veille à ce que le pointeur bouche constamment la lumière pendant tout le temps de la charge ; à ce que le premier servant de droite s'en assure en tenant toujours les yeux fixés sur la lumière, soit qu'il écouvillonne, soit qu'il enfonce la charge.

L'instructeur insiste spécialement sur les fonctions du pointeur ; il lui enseigne les principes et les procédés du pointage ; vérifie la hauteur et la direction qu'il a données à la pièce ; lui indique ses erreurs, et lui fait rectifier. (*Voir la Note sur le pointage.*)

CHANGER DE POSTES.

51. L'instructeur fait passer successivement

tous les canonniers à chaque poste. A cet effet, il commande :

1. PRÉPAREZ-VOUS A CHANGER DE POSTES.
2. *Canonniers à droite.*
3. (*à*) DROITE.
4. MARCHE.
5. FRONT.

Au commandement PRÉPAREZ-VOUS A CHANGER DE POSTES, le premier servant de droite pose l'écouvillon entre le flasque droit et la pièce, le refouloir à terre. Le premier servant de gauche suspend le sac à charges à la volée de la pièce. Les autres servants placent, sur la flèche, les armements dont ils sont équipés.

Au commandement (*à*) DROITE tous font un *à droite.*

Au commandement MARCHE, tous se portent à hauteur des postes qu'ils doivent occuper.

Au commandement FRONT, tous font face à la pièce, et prennent les armements de leurs nouveaux postes.

52. Si l'instructeur veut faire changer de plusieurs postes, il en indique le nombre dans le premier commandement :

PRÉPAREZ-VOUS A CHANGER DE (*tant de*) POSTES.

ARTICLE II.

A bras en avant.

A bras en arrière.

A BRAS EN AVANT.

53. L'instructeur voulant faire avancer la pièce, soit pour la remettre en batterie, quand elle vient de faire feu, soit pour la placer dans une position très voisine de ce qu'elle occupe, commande :

1. A BRAS EN AVANT.
2. MARCHE.
3. HALTE.
4. A VOS POSTES.

Au commandement A BRAS EN AVANT, le premier servant de droite appuie l'écouvillon sur l'épaule droite, la brosse en bas ; le tient de la main droite seule, le bras tendu, les doigts allongés sur la hampe ; se porte à hauteur du moyeu, face en avant ; se fend en arrière de la jambe droite, et saisit de la main gauche le rais le plus élevé, près de la jante.

Le premier servant de gauche se porte à hauteur du moyeu, face à la pièce, et saisit un rais de chaque main, près de la jante, les ongles en dessous.

Les pointeurs se portent au levier de pointage ; se fendent vers le petit bout, et le saisissent des deux mains, alternativement, la main gauche du pointeur-servant à l'extrémité.

Au commandement MARCHE, les pointeurs soulèvent la crosse ; tous les servants font avancer la pièce.

Au commandement HALTE, tous s'arrêtent ; les pointeurs posent la crosse à terre.

Au commandement A VOS POSTES, tous reprennent leurs postes.

54. Lorsqu'on fait feu, les servants, par l'effet du recul, ne se trouvent plus à leurs postes ; ils se portent aux positions indiquées par le chemin le plus court.

Quand on fait A BRAS EN AVANT pour remettre en batterie, et que le feu doit continuer, le pointeur-servant reste au levier et place la pièce dans la direction du but. Le pointeur se porte immédiatement à la culasse et fait le commandement : CHARGEZ.

A BRAS EN ARRIÈRE.

55. L'instructeur voulant faire reculer la

pièce, soit pour rectifier un alignement, soit
pour la placer dans une position très voisine
de celle qu'elle occupe, commande :

1. A BRAS EN ARRIÈRE.
2. MARCHE.
3. HALTE.
4. A VOS POSTES.

Au commandement A BRAS EN AR-
RIÈRE, le premier servant de droite appuie l'écouvillon sur l'épaule gauche, la
brosse en bas ; le tient de la main gauche
seule, le bras tendu, les doigts allongés
sur la hampe ; fait un à gauche ; porte le
pied droit à hauteur du moyeu, et saisit
de la main droite le rais le plus élevé,
près de la jante.

Le premier servant de gauche fait un
demi à droite ; porte le pied droit à hauteur du moyeu, face à la pièce, et saisit
un rais de chaque main, près de la jante,
les ongles en dessous.

Les pointeurs se portent à l'extrémité
du levier de pointage, face en arrière, et
saisissent le levier : le pointeur de la
main gauche, le pointeur-servant de la
main droite, à l'extrémité.

Au commandement MARCHE, les pointeurs soulèvent la crosse ; tous les servants font reculer la pièce.

Au commandement HALTE, tous s'arêtent ; les pointeurs posent la crosse à terre.

Au commandement A VOS POSTES, tous reprennent leurs postes.

———

TROISIÈME PARTIE.

INSTRUCTION D'ENSEMBLE DES SIX SERVANTS. — SERVICE DE PLUSIEURS BOUCHES A FEU RÉUNIES.

56. Les canonniers sont en veste, en schako et en armes.

La pièce est au parc sur son avant-train, la prolonge ployée autour des crochets de prolonge. Les armements sont suspendus au bouton de culasse. Le doigtier et la Hausse latérale sont dans un des sacs à étoupilles ; le tire-feu et les étoupilles, dans l'autre.

ARTICLE Iᵉʳ.

Formation du peloton de la pièce.

Entrer au parc.—Entrer en batterie

Conduire la pièce au champ de manœuvre.

Oter l'avant-train.

Amener l'avant-train.

Amener l'avant-train en avant.

Sortir de batterie. — Sortir du parc.

FORMATION DU PELOTON DE LA PIÈCE.

57. Les six servants nécessaires pour l'exétion de la bouche à feu sont réunis.

L'instructeur les place sur deux rangs; il les prévient que le premier rang se compose des servants de gauche, et le second rang des servants de droite; que la première file, en commençant par la droite, fournit les premiers servants; la seconde file, le pointeur et le pointeur-servant; la troisième file, les deuxièmes servants.

ENTRER AU PARC. — ENTRER EN BATTERIE.

58. L'instructeur fait marcher son peloton par le flanc droit; le dirige, par la droite ou par la gauche du parc, du côté de la volée de la pièce; et l'établit en bataille à 6 mètres de la bouche à feu, y faisant face, le centre sur le prolongement de l'axe (Instruction à pied, nos 121, 132); puis il commande :

1. *Canonniers à gauche.*
2. *(à)* GAUCHE.
3. *Par file à droite à vos postes.*
4. MARCHE.
5. FRONT.

Au commandement *(à)* GAUCHE, les canonniers font un *à gauche.*

Au commandement MARCHE, les deux rangs font *par file à droite ;* se séparent, et se dirigent respectivement à droite ou à gauche de la pièce, à 50 centimètres en dehors des roues. Les premiers servants s'arrêtent à hauteur de la tranche de la bouche ; les pointeurs, à hauteur du bouton de culasse ; les deuxièmes servants, à hauteur des moyeux des roues de l'avant-train.

Au commandement FRONT, tous font face à la pièce et s'alignent.

L'alignement se prend sur les premiers servants.

59. L'instructeur voulant faire distribuer les armements, fait mettre aux servants à pied le mousqueton en bandoulière ; puis il commande :

ÉQUIPEZ-VOUS.

Au commandement ÉQUIPEZ-VOUS, le

pointeur se porte au bouton de culasse et distribue aux canonniers les armements dont ils doivent être équipés.

Le premier servant de gauche et les pointeurs s'équipent comme il est prescrit. Le deuxième servant de gauche s'équipe d'un sac à charges, pendant de droite à gauche.

60. Les servants étant équipés, l'instructeur donne la nomenclature suivante, en indiquant de la main les objets, à mesure qu'il les nomme :

AFFUT : La lunette. — Le crochet porte-écouvillon. — L'étrier porte-écouvillon ; — le moraillon ; l'arrêtoir. — Le tourniquet de moraillon. — L'arrêtoir d'écouvillon. — Le sabot d'enrayage : Sabot : Les oreilles ; le trou à T. — Chaîne : La clef ; la maille à talon ; la grande maille ; le T et sa chaînette ; l'anneau de suspension. — L'étrier à crochet porte-sabot.

AVANT-TRAIN : Le timon ; les chaînes de timon. — Les armons. — La volée. — La fourchette. — Le marchepied. — Les crochets de prolonge. — Le crochet cheville-ouvrière ; sa chevillette. — Le coffre : Le devant ; le derrière (côté des charnières du couvercle.) — La prolonge : Le T ; la maille.

La droite et la gauche d'une pièce sur son avant-train sont la droite et la gauche des canonniers conducteurs, la pièce supposée attelée.

CONDUIRE LA PIÈCE AU CHAMP DE MANŒUVRE.

61. L'instructeur voulant faire conduire la pièce au champ de manœuvre, commande :

1. EN AVANT.
2. MARCHE.

Au commandement EN AVANT, les premiers servants se portent aux roues de l'affût, se faisant face, et saisissent un rais de chaque main, près de la jante, les ongles en dessous.

Les pointeurs se portent aux roues de l'avant-train, et se placent comme les premiers servants aux roues de l'affût.

Les deuxièmes servants se portent au bout du timon, et saisissent les chaînes, chacun de son côté.

Au commandement MARCHE, tous font avancer la pièce.

L'instructeur dirige le mouvement par les indications :

Tournez à droite, ou *à gauche.*

L'instructeur voulant faire arrêter la pièce

et remettre les canonniers à leurs postes, commande :

    1. Halte.

    2. A vos postes.

Au commandement Halte, tous les servants s'arrètent.

Au commandement A vos postes, tous reprennent leurs postes.

OTER L'AVANT-TRAIN.

62. L'instructeur voulant faire ôter l'avant-train, commande :

    1. Otez l'avant-train.

    2. Marche.

Au commandement Otez l'avant-train, le deuxième servant de droite se porte au bout du timon, et le maintient horizontalement.

Le deuxième servant de gauche se porte à la roue de l'avant-train, et saisit un rais de chaque main, près de la jante, les ongles en dessous.

Le pointeur et le pointeur-servant se portent à la crosse. Le pointeur ôte la chevillette du crochet cheville-ouvrière, et saisit, de la main gauche, la poignée de crosse de son côté. Le pointeur-servant saisit, de la main droite, la poignée de la crosse de son côté. Tous deux soulèvent la flèche.

Au commandement MARCHE, fait par l'instructeur, et répété par le pointeur aussitôt que le crochet est sorti de la lunette, les deuxièmes servants font avancer l'avant-train, en obliquant un peu à droite, de manière à le placer, par un demi-tour à gauche, dans le prolongement de l'affût, le bout du timon à 9 mètres de l'extrémité du levier de pointage.

Le pointeur et le pointeur-servant posent la crosse à terre, dès que l'avant-train commence son mouvement.

On ne remet pas la chevillette, afin de ne pas ralentir les mouvements *Oter* et *amener l'avant-train.*

Le pointeur détache le levier de son côté, l'engage dans les anneaux de pointage; se porte ensuite à la culasse, dispose, si cela est nécessaire, la volée pour qu'on puisse charger commodément, et place la Hausse latérale dans son canal. Le premier servant de droite prend l'écouvillon à l'aide du pointeur-servant. Le pointeur-servant remet l'étrier porte-écouvillon. Les premiers servants et les pointeurs prennent leurs postes comme il est prescrit (nos 11, 21, 29, 39).

Les deuxièmes servants se placent à la position du canonnier à pied, à hauteur des moyeux de l'avant-train, face à la pièce, dans le prolongement de leur file, le deuxième servant de gauche passant derrière l'avant-train.

AMENER L'AVANT-TRAIN.

63. L'instructeur voulant faire remettre la pièce sur l'avant-train, commande :

1. AMENEZ L'AVANT-TRAIN.
2. MARCHE.

Au commandement AMENEZ L'AVANT-TRAIN, le deuxième servant de droite se porte à la gauche du timon et en saisit le bout. Le deuxième servant de gauche passe derrière l'avant-train, se porte à la roue droite, et saisit un rais de chaque main, près de la jante, les ongles en dessous.

Le premier servant de droite remet l'écouvillon, à l'aide du pointeur-servant.

Le pointeur ôte le levier de pointage, le remet en place ; retire la Hausse latérale, la remet dans sa gaine, et se porte à la crosse, ainsi que le pointeur-servant. Les premiers servants se portent aux roues de l'affût, se faisant face, et saisissent un rais de chaque main, près de la jante, les ongles en dessous.

Au commandement MARCHE, les deuxièmes servants font avancer l'avant-train en obliquant un peu à droite, de manière qu'en exécutant un demi-tour à gauche, le bout du timon vienne raser la crosse, et que, le demi-tour achevé, la cheville-ouvrière soit près de la lunette.

Les pointeurs saisissent les poignées de crosse, chacun de son côté, le pointeur de la main gauche, le pointeur-servant de la main droite ; tous deux soulèvent la flèche.

Tous font effort pour faire reculer l'affût vers l'avant-train. Dans aucun cas, on ne doit faire reculer l'avant-train vers l'affût.

Dès que le crochet cheville-ouvrière est entré dans la lunette, le pointeur remet la chevillette.

Tous reprennent leurs postes.

AMENER L'AVANT-TRAIN EN AVANT.

64. L'instructeur voulant faire remettre la pièce sur son avant-train, pour la porter en avant dans la direction où elle fait feu, commande :

1. AMENEZ L'AVANT-TRAIN EN AVANT.
2. MARCHE.

Au commandement AMENEZ L'AVANT-TRAIN EN AVANT, le premier servant de droite se place comme il est prescrit pour le mouvement *A bras en arrière* (nº 55). Le premier servant de gauche se place comme il est prescrit pour le mouvement *A bras en avant* (nº 53). Le pointeur et le pointeur-servant s'appliquent à la droite du levier de pointage, le pointeur à l'extrémité. Les deuxièmes servants se placent comme il est prescrit pour le mouvement *Amener l'avant-train* (nº 63).

Au commandement MARCHE, les canonniers font faire demi-tour à la pièce, en portant la flèche à gauche. Le premier servant de droite remet l'écouvillon, à l'aide du pointeur-servant. Le poin-

teur ôte le levier de pointage, le remet
en place, et retire la Hausse latérale.

L'avant-train double sa pièce, en la
laissant à gauche, sans trop s'en écarter;
les deuxièmes servants le redressent
dans la direction de la flèche.

La pièce est remise sur l'avant-train
comme il est prescrit (n° 63), mais sans
nouveau commandement.

Tous reprennent leurs postes.

65. Pendant les repos, l'instructeur exerce
les canonniers à déployer et à ployer la prolonge; à enrayer, et à désenrayer.

Déployer la prolonge : Les deuxièmes servants se placent comme il est prescrit (n° 63),
et font avancer l'avant-train en obliquant un
peu à droite, de manière qu'après le demi-
tour à gauche, le crochet cheville-ouvrière
soit à 6 mètres environ de la crosse.

Le deuxième servant de gauche détache la
prolonge et remet le T au pointeur-servant,
qui le passe dans la lunette de dessus en dessous; le deuxième servant de gauche achève
de déployer la prolonge, fixe la maille au crochet cheville-ouvrière, et remet la chevillette.

Les deuxièmes servants font avancer l'a-
vant-train, sans tendre la prolonge.

Ployer la prolonge : Le pointeur-servant

dégage le T de la lunette. Le deuxième servant de gauche ôte la chevillette, et dégage la maille du crochet cheville-ouvrière. Il engage ensuite la maille dans le crochet de prolonge de droite ; enveloppe de dessus en dessous, et alternativement, les deux crochets, en passant chaque fois la prolonge sur le grand crochet, et arrête le T entre les brins de la prolonge ainsi ployée. Les deuxièmes servants replacent l'avant-train à sa position, comme il est prescrit (n° 62.)

Enrayer : Dégager le T du trou à T ; décrocher le sabot de l'étrier crochet porte-sabot et le poser à terre, parallèlement à la pièce, de manière que la roue puisse venir s'engager entre les oreilles.

Désenrayer : Dégager la clef de la maille à talon et de la grande maille, pour allonger la chaîne et permettre au sabot d'échapper ; accrocher le sabot par l'anneau de suspension à l'étrier à crochet porte-sabot ; passer le T dans le trou à T ; engager la clef dans la grande maille et dans la maille à talon.

66. L'instructeur ayant fait remettre la pièce sur l'avant-train et voulant faire déséquiper les canonniers, commande :

DÉSÉQUIPEZ-VOUS.

Au commandement DÉSÉQUIPEZ-VOUS,

le pointeur replace le doigtier dans son sac ; les canonniers quittent leurs armements et les passent au pointeur. Le pointeur les suspend au bouton de culasse.

SORTIR DE BATTERIE. — SORTIR DU PARC.

67. L'instructeur voulant faire sortir de batterie, fait reprendre le mousqueton aux servants à pied ; puis il commande :

1. *Pour sortir de batterie—canonniers à droite et à gauche.*
2. (*à*) DROITE, (*à*) GAUCHE.
3. *Peloton, derrière votre pièce.*
4. MARCHE.

A commandement (*à*) DROITE, la file de droite fait un *à droite*, la file de gauche fait un *à gauche*.

Au commandement MARCHE, la file de droite marche droit devant elle ; la file de gauche oblique pour la rejoindre. Lorsque les premiers servants ont marché dix pas, ils tournent à gauche sans commandement, s'arrêtent à hauteur de la roue droite de la voiture, et font face à la pièce par un *à gauche*. Les autres servants exécutent successivement le même mouvement.

Pour sortir du parc, l'instructeur emmène le peloton comme il est prescrit (Instruction à pied, nᵒ 119.)

ARTICLE II.

Charge à volonté.
Cesser le feu.
Feu en arrière.
Remplacement des hommes manquants.
En parade.

68. La pièce est conduite au champ de manœuvre et mise en batterie comme il est prescrit (nᵒˢ 61 et 62.)

L'instructeur fait exécuter la *charge en six temps*, pour s'assurer que les canonniers ont acquis l'ensemble désirable.

CHARGE A VOLONTÉ.

69. Dans la charge à volonté, c'est au commandement CHARGEZ, fait par le pointeur, que les canonniers doivent exécuter, de suite et sans s'arrêter, les fonctions qui leur ont été enseignées pour les

commandements : CHARGEZ. — ÉCOU-
VILLONNEZ. — REFOULEZ. — *Pièce*—FEU.

Le deuxième servant de droite délivre
au deuxième et au premier servants de
gauche, qui sont les pourvoyeurs de la
pièce, les munitions contenues dans le
coffre de l'avant-train ; il décoiffe les
obus, avant de les remettre aux pourvoyeurs. Le pourvoyeur, en arrivant à
la pièce, débouche l'évent de la fusée,
quand il y a lieu.

Les pourvoyeurs alternent pour apporter les charges à la pièce ; les premières
charges sont apportées par le deuxième
servant de gauche.

Lorsque deux pourvoyeurs se rencon-
trent, l'un allant au coffre à munitions,
l'autre en revenant, ils se laissent réciproquement à gauche.

L'approvisionnement du sac à charges
est de 3 coups.

Les sachets sont placés dans le compartiment de droite du sac à charges ;
les projectiles, dans le compartiment de
gauche.

Il n'y a jamais qu'un pourvoyeur près
de la pièce. Tout le temps qu'il y reste,

il remplit les fonctions de premier servant de gauche, quelle que soit la manœuvre qu'on vienne à exécuter.

L'instructeur exerce de temps à autre les hommes à se servir des munitions qui ont été placées dans les coffrets, pour les cas d'urgence.

Pour ouvrir le coffret, le pourvoyeur se porte entre la roue et le flasque, face en avant.

70. L'instructeur voulant faire exécuter la charge à volonté, commande *Charge à volonté.*

EN ACTION.

Au commandement EN ACTION, le deuxième servant de droite se porte au coffre à munitions pour distribuer les munitions. Le deuxième servant de gauche approvisionne son sac de 3 charges. Le premier servant de gauche se porte au coffre à munitions, y approvisionne son sac, et prend à l'avant-train la position du deuxième servant de gauche.

Le pointeur-servant prend le tire-feu, et se porte au levier de pointage. Le pointeur se porte à la culasse ; fait donner, par le pointeur-servant, la première direction à la pièce ; dispose la volée pour qu'on puisse charger commodément ; bouche la lumière, et commande : CHARGEZ.

Au commandement CHARGEZ, les canonniers exécutent, de suite et sans interruption, ce qui est prescrit pour les commandements : CHARGEZ. — ÉCOUVILLONEZ. — REFOULEZ. — *Pièce*—FEU. Le coup parti, la charge à volonté recommence au commandement CHARGEZ du pointeur, et elle continue ainsi jusqu'à ce que l'instructeur commande : CESSEZ LE FEU.

La charge à volonté étant la seule employée sur le champ de bataille, l'instructeur doit s'appliquer à la rendre familière aux canonniers. Il redouble d'attention pour s'assurer que les servants passent par tous les *mouvements* et les exécutent de la manière prescrite, n'admettant d'autres moyens pour accélérer la charge que le silence, l'ordre et la précision.

CESSER LE FEU.

71. L'instructeur voulant faire cesser le feu, commande :

CESSEZ LE FEU.

Au commandement CESSEZ LE FEU, si

la charge est déjà introduite, la manœuvre est continuée jusqu'à ce que le coup soit parti ; si la charge n'est pas encore dans l'âme de la pièce, le premier servant de droite écouvillonne et se retire ensuite à son poste, en élevant l'écouvillon à hauteur des épaules comme pour se porter à la pièce.

Les pourvoyeurs reportent au coffre à munitions les charges qui leur restent. Le pointeur-servant replace le tire-feu dans le sac à étoupilles.

Tous reprennent leurs postes.

72. Il n'est pas indispensable, pour décharger la pièce, de faire feu. En levant la crosse suffisamment, le projectile et le sachet sortent de l'âme sans difficulté.

73. L'instructeur explique aux canonniers que, dans le tir réel, la pièce, par l'effet du recul, est portée en arrière de sa position de batterie, et que, pour la ramener à cette position, il est nécessaire d'exécuter le mouvement *A bras en avant*, après chaque coup.

L'instructeur exerce de temps en temps les canonniers à ce qu'ils ont à faire en cette circonstance, en leur prescrivant de porter la pièce en avant de quelques pas, sans commandement, par le mouvement *A bras en avant*, après chaque coup supposé parti.

L'instructeur veille à ce que ce mouvement s'exécute de manière à retarder la charge le moins possible.

L'avant-train suit le mouvement de la pièce.

FEU EN ARRIÈRE.

74. L'instructeur voulant faire faire feu en arrière commande :

1. *Feu en arrière.*

2. AVANT-TRAIN, DERRIÈRE VOTRE PIÈCE.

3. MARCHE.

Au commandement AVANT-TRAIN, DERRIÈRE VOTRE PIÈCE, les canonniers se placent comme il est prescrit pour le mouvement *Amener l'avant-train en avant* (nᵒ 64).

Au commandement MARCHE, les canonniers font faire demi-tour à la pièce, en portant la flèche à gauche. L'avant-train double la pièce, en la laissant à gauche, et va se placer, par deux *à gauche* successifs, dans le prolongement de l'affût, le bout du timon à 9 mètres de l'extrémité du levier de pointage.

Tous reprennent leurs postes.

REMPLACEMENT DES HOMMES MANQUANTS.

75. Le premier homme manquant est

remplacé par le deuxième servant de gauche.

Le deuxième homme manquant est remplacé par le deuxième servant de droite.

Quand il ne reste plus que quatre hommes autour de la pièce, on suit pour le remplacement l'ordre suivant :

Le premier homme manquant est remplacé par le pointeur-servant, qui dépose sur la flèche le tire-feu et le sac à étoupilles.

Le pointeur s'équipe du tire-feu, prend les étoupilles contenues dans le sac du pointeur-servant, et remplit les fonctions de pointeur et de pointeur-servant. Il donne la première direction à la pièce, pointe, dégorge, amorce, et met le feu en restant sur le côté gauche de la pièce. Le coup parti, il se porte à la culasse, et fait le commandement CHARGEZ.

Le deuxième homme manquant est remplacé par le pointeur, qui lui-même est remplacé par le chef de pièce. Ce dernier remplit alors les fonctions de pointeur et de pointeur-servant.

Si la file de droite vient à manquer, le

pointeur remplace le premier servant de droite. Le chef de pièce remplit les fonctions de pointeur et de pointeur-servant.

Si c'est la file de gauche qui vient à manquer, le pointeur-servant passe à la gauche de la pièce, et remplit les fonctions de premier servant de gauche. Le chef de pièce remplit les fonctions de pointeur et de pointeur-servant.

76. L'instructeur voulant enseigner aux canonniers à se remplacer dans l'ordre prescrit, commande :

1. (*Tel*) *servant ou* (*Telle*) *file*—MANQUEZ.
2. CESSEZ LE FEU.

A la dernière partie du premier commandement, qui est MANQUEZ, le servant désigné cesse aussitôt ses fonctions, dépose les armements dont il est équipé, comme il est prescrit (n° 51), et se retire à trois pas en arrière de son poste. Le canonnier qui le remplace s'équipe de ses armements.

Au commandement CESSEZ LE FEU, tous reprennent leurs postes et leurs arments.

EN PARADE.

77. La pièce étant en batterie, l'instructeur, pour faire mettre les canonniers en parade, commande :

EN PARADE.

Au commandement EN PARADE, les canonniers font face en avant en exécutant, la file de droite un *à droite*, la file de gauche un *à gauche*. Le premier servant de droite appuie son écouvillon sur l'épaule droite, comme il est prescrit pour le mouvement A *bras en avant* (nº 53). Les deuxièmes servants restent immobiles.

78. L'instructeur voulant faire reprendre aux canonniers la position A VOS POSTES, commande :

A VOS POSTES.

Au commandement A VOS POSTES, les canonniers reprennent la position A VOS POSTES.

79. La pièce étant sur son avant-train, l'instructeur, pour faire mettre les canonniers *En parade*, fait reprendre le mousqueton aux servants à pied, puis il commande :

1. EN PARADE.
2. *Peloton, derrière votre pièce.*
3. MARCHE.
4. *A droite*—ALIGNEMENT.
5. FIXE.

Au commandement EN PARADE, les canonniers font face du côté de la bouche de la pièce, en exécutant, la file de droite un *à droite*, la file de gauche un *à gauche*.

Au commandement MARCHE, les canonniers se forment en bataille, face à la pièce, en sortant de batterie comme il est prescrit (nᵒ 67).

80. L'instructeur voulant faire remettre les canonniers à leurs postes, commande :

1. *Canonniers à gauche.*
2. *(à)* GAUCHE.
3. *Par file à droite à vos postes.*
4. MARCHE.
5. FRONT.

Ce qui s'exécute comme il est prescrit (nᵒ 58).

ARTICLE III.

Formation du détachement pour le service de plusieurs bouches à feu réunies.

Entrer au parc.

Entrer en batterie.

Sortir de batterie.

Sortir du parc.

FORMATION DU DÉTACHEMENT POUR LE SERVICE DE PLUSIEURS BOUCHES A FEU RÉUNIES.

81. Lorsque plusieurs bouches à feu doivent être servies sous un même commandement, les pelotons de canonniers étant formés et en bataille, le détachement est partagé en sections de deux pièces.. Chaque section est commandée par un lieutenant; chaque pièce, par un sous-officier.

Les lieutenants se placent à deux pas en avant du centre de leurs sections; les sous-officiers, à la droite des pelotons de leurs pièces, au premier rang.

Le détachement est mis en marche par le flanc droit. Le commandant de la manœuvre le dirige du côté de la volée des pièces, et parallèlement à la ligne de bataille. Les chefs de pièce marchent à un pas à gauche et à hauteur des premiers servants; les lieutenants, à un pas à gauche et à hauteur du chef de leur première pièce.

ENTRER AU PARC PAR LA DROITE.

82. La tête du détachement étant arrivée à 20 mètres environ de la droite du parc, le commandant de la manœuvre commande :

1. *Pelotons, à hauleur de vos piéces*—SUR
LA DROITE EN BATAILLE.
2: *A droite*—ALIGNEMENT.
3. FIXE.

A mesure que chaque peloton arrive à
4 mètres de sa pièce, le chef de pièce
commande :

1. *Sur la droite en bataille.*
2. MARCHE.
3. HALTE.

Ce qui s'exécute comme il est prescrit (Instruction à pied (nº 132).

Chaque peloton est formé en bataille
à 6 mètres de la bouche de la pièce, son
centre sur le prolongement de l'axe. Les
chefs de pièce se placent à la droite de
leurs pelotons ; les lieutenants, à un pas
en avant du centre de leurs sections.

Quand le détachement est aligné, le commandant de la manœuvre commande
FIXE.

ENTRER AU PARC PAR LA GAUCHE.

83. La tête du détachement étant arrivée
à 4 mètres environ de la gauche du parc, le
commandant de la manœuvre commande :

1. PELOTONS, A HAUTEUR DE VOS PIÈCES.
2. *A gauche*—ALIGNEMENT.
3. FIXE.

A mesure que chaque peloton arrive à la position qu'il doit occuper, le chef de pièce commande :

1. *Colonne.*
2. HALTE.
3. FRONT.

Ce qui s'exécute comme il est prescrit (Instruction à pied, n°s 120, 121).

Les chefs de pièce se placent à la droite de leurs pelotons : les lieutenants, à un pas en avant du centre de leurs sections.

Quand le détachement est aligné, le commandant de la manœuvre commande FIXE.

ENTRER EN BATTERIE.

84. Le commandant de la manœuvre voulant faire mettre les canonniers à leurs postes, commande :

1. *Canonniers à gauche.*
2. (*à*) GAUCHE.
3. *Par file à droite à vos postes.*
4. MARCHE.
5. FRONT.

Ce qui s'exécute comme il est prescrit (nº 58).

Les lieutenants s'arrêtent au centre de leurs sections, à quatre pas en avant des bouts des timons; les chefs de pièce, à gauche et à deux pas du bout du timon de leurs pièces; les canonniers, à droite et à gauche de leurs pièces, à hauteur des postes qu'ils doivent occuper (nº 58).

85. Le commandant de la manœuvre fait exécuter les diverses manœuvres, par les commandements indiqués pour l'instructeur.

Seulement, pour faire exécuter la charge à volonté, il commande :

1. *Charge à volonté.*
2. COMMENCEZ LE FEU.

Au commandement COMMENCEZ LE FEU, les chefs de pièce commandent :

EN ACTION.

Au commandement EN ACTION des chefs de pièce, la charge à volonté s'exécute comme il est prescrit (nº 70), jusqu'au commandement CESSEZ LE FEU fait par le commandant de la manœuvre.

Le commandement CESSEZ LE FEU n'est pas répété par les chefs de pièce.

Pendant la manœuvre, chaque lieutenant

se tient au centre de sa section à hauteur du milieu de la distance des bouches à feu aux avant-trains ; chaque chef de pièce, en dehors et près de la file de gauche des servants, à hauteur du milieu du levier de pointage.

SORTIR DE BATTERIE.

86. Le commandant de la manœuvre voulant faire sortir de batterie, fait reprendre le mousqueton aux servants à pied ; puis il commande :

    1. *Pour sortir de batterie—Canonniers à droite et à gauche.*
    2. (*à*) DROITE, (*à*) GAUCHE.
    3. *Pelotons, derrière vos pièces.*
    4. MARCHE.
    5. *A droite*—ALIGNEMENT.
    6. FIXE.

Les quatre premiers commandements s'exécutent comme il est prescrit (n° 67). Les lieutenants et les chefs de pièce se placent comme il est prescrit (n° 82).

SORTIR DU PARC PAR LA DROITE.

87. Le commandant de la manœuvre voulant faire sortir du parc par la droite, commande :

    1. *Canonniers à droite.*
    2. (*à*) DROITE.

3. *Colonne en avant—Premier peloton, marquez le pas.*

4. MARCHE.

Au commandement (à) DROITE, tous font un *à droite*.

Au commandement MARCHE, tous les pelotons se portent en avant, à l'exception du premier peloton qui marque le pas. Chaque chef de pièce fait successivement les commandements :

1. *Marquez le pas.*

2. MARCHE.

lorsque son peloton rejoint celui qui le précède.

La colonne étant reformée, le commandant de la manœuvre commande :

1. *Colonne en avant.*

2. MARCHE.

SORTIR DU PARC PAR LA GAUCHE.

88. Le commandant de la manœuvre voulant faire sortir du parc par la gauche, commande :

1. *Canonniers à droite.*

2. (à) DROITE.

3. *Par le premier peloton—par file à gauche.*

4. MARCHE.

Au commandement (à) DROITE, tous font un *à droite.*

Au commandement MARCHE, le premier peloton fait *par file à gauche.* Les autres pelotons restent immobiles. Aussitôt que la tête du premier peloton a fait *par file à gauche,* le chef de ce peloton lui fait exécuter une seconde fois le même mouvement aux commandements :

1. *Par file à gauche.*
2. MARCHE.

afin de lui faire prendre une direction parallèle à la ligne de bataille. Chaque peloton entre successivement dans la colonne, aux commandements :

1. *Par file à gauche.*
2. MARCHE.

deux fois répétés par son chef.

89. Pendant la manœuvre, et dans tous les mouvements qui viennent d'être décrits, les lieutenants commandant les sections n'ont que des fonctions de pure surveillance. Il ne s'agit pas, en effet, du service d'une batterie proprement dite ; on veut seulement exercer un détachement avec autant de pièces qu'il peut en servir.

Les officiers seuls ont le sabre à la main.

Ils peuvent se porter partout où ils jugent leur présence nécessaire.

Les sous-officiers ne quittent leurs postes que pour exercer la surveillance qui leur est recommandée, ou pour rectifier l'action d'un servant n'ayant pas compris l'avertissement qui doit d'abord lui être donné.

90. Quand on veut tirer par salves, le commandant de la manœuvre doit l'indiquer et commander ensuite :

1. *Charge à volonté.*
2. COMMENCEZ LE FEU.

Au commandement COMMENCEZ LE FEU, les chefs de pièce commandent EN ACTION, et les canonniers exécutent la charge à volonté comme il est prescrit (n° 70); mais les pointeurs-servants, après avoir amorcé, se retirent à leurs postes en demi à gauche, les talons joints, la bobine du tire-feu dans la main droite, les bras tombant naturellement.

Le feu s'exécute au commandement (TELLE) PIÈCE—FEU. Chaque bouche à feu est désignée par son numéro. La série des numéros va de la droite à la gauche.

A la première partie du commandement, qui est (TELLE) PIÈCE, le pointeur-servant se fend de la jambe gauche, prêt à mettre le feu (n° 43).

A la dernière partie du commandement, qui est FEU, le pointeur-servant met le feu (n° 44).

91. Quand le vent vient de la droite, le feu commence par la gauche, et réciproquement.

Les officiers et les sous-officiers veillent avec la plus grande attention à ce que les hommes exécutent tous les commandements en silence, avec ordre, ensemble et précision, sans tourner les yeux du côté d'où vient la voix, et à ce que l'exécution de chaque commandement soit suivie d'une immobilité parfaite. Ils tiennent la main à ce que les pièces soient écouvillonnées à fond. Ils vérifient le pointage, et le font rectifier lorsque cela est nécessaire.

Les effets du tir dépendant en grande partie du point où éclate le projectile, et, par suite, du plus ou moins de soin apporté dans le décoiffage et le débouchage des fusées, les officiers et les sous-officiers doivent exercer une surveillance constante sur la manière dont ces opérations sont exécutées.

NOTE SUR LE POINTAGE.

CONSIDÉRATIONS GÉNÉRALES.

I. Les principes généraux du tir se déduisent des positions relatives de trois lignes qui sont : la *ligne de tir*, la *trajectoire* et la *ligne de mire*.

II. La *ligne de tir* est l'axe de la pièce prolongé indéfiniment; c'est la ligne droite suivant laquelle le projectile est lancé au premier instant de sa course et qu'il suivrait indéfiniment, s'il n'était soumis à l'action de la pesanteur et à celle de la résistance de l'air.

Le *plan de tir* est le plan vertical passant par la ligne de tir.

III. La *trajectoire* est la ligne courbe que décrit le centre du projectile pendant sa course.

12

IV. La trajectoire se confond d'abord sensiblement avec la ligne de tir ; elle s'en écarte ensuite de plus en plus :

1° Dans le sens vertical ;

Par l'action de la pesanteur, le projectiles'abaisse progressivement au-dessous de la ligne de tir, jusqu'à ce qu'il rencontre le sol ;

2° En dehors du plan de tir ;

Par l'effet de la résistance de l'air, et en raison du mouvement de rotation propre aux projectiles lancés par des pièces rayées, le projectile dévie constamment ; il dévie à droite pour les pièces rayées de gauche à droite. Cette déviation a reçu le nom de *dérivation*.

Une pièce est rayée de gauche à droite, quand, au fond de l'âme, la rayure supérieure est dirigée de gauche à droite par rapport au pointeur.

V. L'expérience a fait voir que l'écart latéral dû à la dérivation est le 1/10 de l'abaissement dû à la pesanteur, pour les deux canons de 4 ; cet écart est les 2/25 de ce même abaissement, pour les deux canons de 12.

VI. On donne le nom de *Hausses* à des

règles graduées placées contre le cul-de-lampe, et servant au pointage des bouches à feu.

La *Hausse latérale* est celle qui, placée à droite du bouton de culasse, concourt au pointage avec le guidon fixé sur l'embase du tourillon droit. Elle glisse dans un canal perpendiculaire à l'axe de la pièce, et incliné à gauche de la verticale de 1/10 pour les canons de 4, et de 2/25 pour les canons de 12.

La *Hausse médiane* est celle qui, placée au-dessus du bouton de culasse, concourt au pointage avec le cran de mire du bourlet.

La Hausse médiane du canon de 4 de campagne glisse dans un canal incliné de 1/10 à gauche de la verticale.

Les Hausses médianes des canons de 12 ne sont autre chose que les anciennes Hausses fixes du canon-obusier de 12 et du canon de 12 de réserve, que l'on a conservées après la transformation de ces pièces en canons rayés.

On donne également le nom de *hausses* aux longueurs mesurées sur les Hausses médianes ou latérales pour le pointage des pièces, comme il sera dit plus loin (n° XI).

Pour éviter toute confusion, on écrit par *H* le mot *Hausse*, instrument, et par *h* le mot *hausse*, longueur.

VII. Quand on emploie la Hausse latérale, la ligne de mire est une ligne droite (un rayon visuel), passant par le centre du croisillon de la Hausse et par le sommet du guidon. Quand cette Hausse est baissée jusqu'au 0 de la graduation, la ligne de mire, que l'on appelle alors *ligne de mire naturelle*, est parallèle à l'axe de la pièce, c'est-à-dire à la ligne de tir ; mais dès qu'on lève la Hausse, la ligne de mire cesse d'être parallèle à la ligne de tir.

VIII. Quand on emploie la Hausse médiane, la ligne de mire est la ligne droite (le rayon visuel), passant par le fond de son cran de mire et de celui du bourlet ; alors la *ligne de mire naturelle* est celle que l'on obtient lorsque la Hausse est complètement baissée.

Le diamètre de la culasse étant plus grand que celui du bourlet, cette ligne de mire naturelle est inclinée par rapport à l'axe de la pièce (ou ligne de tir), de telle sorte que, située d'abord au-dessus en partant de la culasse, elle passe ensuite au-dessous à partir d'un point peu éloigné de la bouche.

IX. La trajectoire, qui se confond d'abord sensiblement avec la ligne de tir (nᵒ IV), passe en même temps qu'elle au-dessus de la ligne de mire naturelle de la Hausse médiane, à peu de distance de la pièce; mais, comme elle s'abaisse vers le sol par l'action de la pesanteur, elle vient ensuite passer au-dessous de la ligne de mire, et y reste dès lors constamment.

Ce point où la trajectoire passe de nouveau au-dessous de la ligne de mire se nomme *but en blanc;* et sa distance à la pièce, *portée de but en blanc.*

Quelle que soit l'inclinaison de la ligne de mire naturelle en dessus ou en dessous de l'horizon, dans les conditions ordinaires du tir, la portée de but en en blanc reste sensiblement la même. Cependant on appelle plus spécialement portée de but en blanc, la portée obtenue quand la ligne de mire est horizontale.

X. Puisque la trajectoire se confond d'abord sensiblement avec la ligne de tir (n° IV), il suffit, pour atteindre un but très rapproché, de diriger sur ce but la ligne de tir ou la ligne de mire naturelle de la Hausse latérale qui lui est parallèle, et que l'on peut, dans la pratique, substituer à la première sans erreur sensiblement.

Ainsi, pour atteindre un but placé à 50 mètres, on disposera la pièce de manière que la ligne droite passant par le centre du croisillon de la Hausse latérale mise à 0 et par le guidon, rencontre le but. Si maintenant le but s'éloignait, la pièce restant fixe, à mesure que la distance augmenterait, le projectile irait frapper plus bas, par suite de la pesanteur, et plus à droite, par suite de la dérivation.

A 500 mètres, par exemple, avec le canon de 4, rayé, de campagne, le projectile frapperait à 10 mètres au-dessous du but et à 1 mètre à droite. Si donc on veut que, à 500 mètres, le projectile frappe le but, il faut baisser la culasse et la porter à droite, de manière que la ligne de tir passe à 10 mètres au-dessus du but et à 1 mètre à gauche.

XI. *Pointer* une bouche à feu, c'est la disposer dans les conditions les plus favorables pour que le projectile aille frapper le but.

Le pointage, d'après ce qui précède, comporte donc deux opérations distinctes : 1º Incliner la ligne de tir par rapport à l'horizon, de manière à corriger l'abaissement dû à la pesanteur; c'est ce qu'on appelle *donner la hausse*; 2º diriger la ligne de tir à gauche du but, de manière à corriger la dérivation.

XII. Les Hausses latérales de toutes les pièces et la Hausse médiane du canon de 4, rayé, de campagne, étant convenablement inclinées à gauche par rapport au plan de tir, donnent les moyens de faire simultanément les deux opérations, et de corriger à la fois l'abaissement dû à la pesanteur et la dérivation.

XIII. Les hausses ont été calculées une fois pour toutes et pour une charge déterminée; elles sont marquées sur la tige de toutes les Hausses latérales et de la Hausse médiane du canon de 4, rayé, de campagne, avec indication des distances correspondantes.

XIV. Dans un tir rapproché, dont la rapidité ne permettrait pas l'emploi de la Hausse latérale, le pointage de la pièce se ferait à l'aide des crans de mire de la plate-bande de culasse, ou de la Hausse médiane, et du bourlet.

Pour cette espèce de tir, avec les canons de 12 rayés, et le canon de 4, rayé, de montagne, on peut négliger la dérivation, qui est peu sensible aux petites distances, et considérer la trajectoire comme ne sortant pas du plan de tir.

La Hausse médiane du canon de 4, rayé, de campagne, corrige la dérivation comme la Hausse latérale.

APPLICATION AU CANON DE 4, RAYÉ, DE CAMPAGNE.

XV. Le canon de 4, rayé, de campagne, est pourvu d'une Hausse latérale et d'une Hausse médiane, inclinées toutes deux, comme il a été dit plus haut (n° VI), de 1/10 à gauche de la verticale.

XVI. La seule charge employée dans le tir du canon de 4, rayé, de campagne, est de 550 grammes; elle donne une portée de but en blanc de 500 mètres (en pointant par les crans de mire de la culasse et du bourlet).

XVII. HAUSSE LATÉRALE. Pour pointer avec la Hausse latérale à une distance déterminée, 800 mètres, par exemple, il faut mettre le curseur à la division qui porte le nombre 800, engager la Hausse dans son canal en tournant vers soi les divisions qui indiquent les distances, et la mettre à fond en appuyant, sans à coup, avec le pouce de la main droite, sur le curseur, jusqu'à ce qu'il touche l'épaulement.

Table des Hausses mesurées sur la Hausse latérale. (Tir à obus.)

DISTANCES	HAUSSES	DISTANCES	HAUSSES	DISTANCES	HAUSSES
mètres.	millim.	mètres.	mil lim.	mètres.	millim.
100	2	1,200	45	2,300	117
200	5	1,300	50	2,400	126
300	8	1,400	55	2,500	135
400	11	1,500	61	2,600	145
500	14	1,600	68	2,700	155
600	18	1,700	74	2,800	165
700	22	1,800	81	2,900	176
800	26	1,900	87	3,000	188
900	30	2,000	94	3,100	200
1,000	35	2,100	101	3,200	212
1,100	40	2,200	109		

XVIII. La table ci-avant donne les distances en mètres et les hausses en millimètres pour la charge de 550 grammes, et pour le tir des obus ordinaires.

On peut suppléer à cette table par la règle mnémonique suivante, qui donne une approximation suffisante :

Aux distances de 100, 700, 1400, 2100 et 2800 mètres, on a les hausses en millimètres, en multipliant les nombres :

$$1, \quad 7, \quad 14, \quad 21, \quad 28,$$

par les nombres correspondants 2, 3, 4, 5, 6.

Ainsi, à 700 mètres, la hausse est de 7 multiplié par 3, ou 21 millimètres; à 1400 mètres, la hausse est de 14 multiplié par 4, ou 56 millimètres.

Pour les distances intermédiaires, 800, 900, etc., on s'écarte peu de la vérité en supposant que les hausses croissent de quantités égales pour des accroissements de distance égaux; de sorte que l'on obtient la hausse de 800 mètres, en ajoutant à la hausse de 700 mètres, 1/7 de la différence entre 56 millimètres et 21 millimètres, hausses de 1400 et de 700 mètres.

XIX. Les hausses employées pour le tir des obus ordinaires servent également pour le tir des obus à balles.

Table des hausses mesurées sur la Hausse latérale. (Tir à mitraille.)

XX. La table ci-contre donne les hausses pour le tir des boîtes à mitraille.

XXI. HAUSSE MÉDIANE. — La Hausse médiane ne peut servir que pour les distances comprises entre 500 et 1600 mètres. Elle ne donne pas un pointage aussi précis que celui que

DISTANCES	HAUSSES
mètres	millim.
300	10
400	20
500	32
600	45

l'on obtient avec la Hausse latérale; mais elle est d'un usage plus commode, et, étant fixée à la pièce, elle est moins sujette à se perdre et à se fausser. Le croisillon est remplacé par un cran de mire.

XXII. La Hausse médiane donne une ligne de mire naturelle (n° VIII), qui rencontre la trajectoire au point nommé *but en blanc*, et qui est situé à 500 mètres de la bouche à feu. Par conséquent, pour atteindre un but placé à 500 mètres, il faut pointer directement sur ce but par les crans de mire de la Hausse médiane, mise à fond, et du bourlet.

XXIII. Pour pointer avec la Hausse médiane à une distance plus grande que 500 mètres, à 800 mètres, par exemple, on lève la Hausse jusqu'à ce que la division qui porte le nombre 800 coïncide avec l'ouverture du canal dans la bride, et on la fixe dans cette position au moyen de la vis de pression.

Table des hausses mesurées sur la Hausse médiane. (Tir à obus.)

DISTANCES	HAUSSES
mètres.	millim.
500	0
600	8
700	17
800	26
900	35
1,000	44
1,100	54
1,200	65
1,300	76
1,400	87
1,500	99
1,600	112

XXIV. La table ci-contre donne les distances en mètres et les hausses en millimètres pour le tir des obus ordinaires et des obus à balles avec la charge de 550 grammes.

XXV. Dans le tir à mitraille, il est important de pouvoir se passer de la Hausse; il faut, à 400 mètres, pointer au pied du but par les crans de mire de la Hausse médiane, mise à fond, et du bourlet. Cette indication peut servir de point de départ pour le tir, par les crans de mire, aux autres distances.

XXVI. Dans tout ce qui précède, on suppose que le but est placé à la même hauteur que la pièce, et que les roues reposent sur un terrain horizontal.

Si le but était sensiblement plus haut ou plus bas que la pièce, il faudrait, d'après les formules rigoureuses, modifier les hausses ci-dessus ; mais ces modifications sont toujours assez faibles pour qu'on puisse les négliger dans la pratique, et poser en principe que les hausses ne changent pas lorsque la hauteur du but varie.

XXVII. Quand la roue droite de la pièce est plus élevée que la roue gauche, il faut pointer à droite ; dans le cas contraire, il faut pointer à gauche.

Quand l'une des roues est plus élevée que l'autre de 10 centimètres, l'écart est :

à   500 mètres. . .   de   0ᵐ,75.
à 1,000   —   . . . .   de   3ᵐ,00.
à 1,500   —   . . .   de   9ᵐ,52.
à 2,000   —   . . . .   de 19ᵐ,40.

XXVIII. Le tir parallèle au sol donne de très bons résultats sur un terrain uni, ferme, et horizontal ou en pente vers le but. On dispose la pièce convenablement pour ce genre de tir, en pointant à 60 mètres environ en avant de la bouche par les crans de mire de la Hausse médiane, mise à fond, et du bourlet. Le premier point de chute de l'obus est à 180 mètres environ.

Le projectile donne 8 ou 10 bonds qui le portent jusqu'à une distance de 2,700 à 3,000 mètres.

XXIX. La dérivation est :

à   500 mètres . . . de   1^m,00.
à 1,000   —   . . . de   5^m,00.
à 2,000   —   . . . de   25^m,00.
à 3,000   —   . . . de   80^m,00.

XXX. L'obus donne des ricochets sur un terrain ferme et horizontal, lorsque l'angle de tir est inférieur à 11°. Il cesse d'en donner à cette limite, qui correspond à une portée de 2,400 mètres et à l'angle de chute de 16°.

NOTE

SUR LE CHARGEMENT DU COFFRE A MUNITIONS DE 4, RAYÉ, DE CAMPAGNE, ET SUR LE MODE A SUIVRE POUR DISTRIBUER LES MUNITIONS PENDANT LE TIR.

CHARGEMENT DU COFFRE.

Le coffre à munitions de 4, rayé, de campagne, contient 32 coups, savoir :

32 sachets, de 550 grammes de poudre chacun;

26 obus;

3 obus à balles;

3 boîtes à mitraille.

Les sachets sont séparés des projectiles.

Le coffre à munitions est divisé en trois cases.

La case du milieu reçoit la caisse à poudre, un outillage, et une boîte à fusées de rechange.

Les cases de droite et de gauche reçoivent les projectiles.

On distingue la case de droite et la

case de gauche par la droite et la gau-
-che de l'homme faisant face au devant du
coffre.

CASE DU MILIEU.

Caisse à poudre. — La caisse à poudre
repose, par ses quatre angles, sur quatre
taquets fixés au fond de la case. Elle
renferme les 32 sachets.

L'intérieur de la caisse est divisé en
quatre compartiments.

Chaque compartiment contient huit
sachets, placés debout en deux couches,
la ligature en dessus.

Le couvercle de la caisse est garni de
quatre tampons en cuir, matelassés, cor-
respondant chacun à un compartiment.
Ils ont pour objet d'exercer, sur les sachets, une pression suffisante pour assurer la conservation de la serge et de la poudre, en empêchant tout ballottement pendant le transport.

Pour que les tampons pressent constamment sur les sachets, il est nécessaire
de remédier aux effets du tassement, en
remplissant avec des étoupes le vide qui
se produit, surtout après les premières

marches ; à cet effet, chaque coffre contient environ 150 grammes d'étoupes, placées sous la caisse à poudre.

Il y a deux poignées sur le couvercle de la caisse. Elles sont à ressort, et cèdent ainsi à la pression du couvercle du coffre sans cesser de le toucher, ce qui empêche tout ballottement de la caisse à poudre.

Outillage. — En arrière de la caisse à poudre se trouve un râtelier d'outils, fixé contre le derrière du coffre.

Ce râtelier est disposé de manière à recevoir différents objets rangés à partir de la gauche, dans l'ordre suivant :

1º Une clef à écrous nᵒˢ 2 *bis* et 3 *bis*, ou une scie à couteau ;

2º Un débouchoir ;

3º Une Hausse latérale de rechange. Avant de la placer dans le coffre, il faut avoir grand soin de remonter entièrement le curseur ;

4º Un ciseau à froid ;

5º Un repoussoir, pour déboucher **la** lumière.

6º Un marteau ;

7º Une clef à écrous nᵒˢ 4 *bis* et 5.

Les objets qui composent l'outillage sont répartis de la manière suivante dans les différents coffres à munitions d'une batterie de guerre :

1º Une Hausse latérale dans chaque coffre d'avant-train d'affût et de caisson de première ligne ;

2º Un débouchoir dans tous les coffres, sauf dans les coffres de derrière des caissons ;

3º Une clef à écrous nos 2 *bis* et 3 *bis*, un ciseau à froid, un marteau, un repoussoir, une clef à écrous nos 4 *bis* et 5, dans le coffre d'avant-train de l'un des affûts de chaque section ;

4º Une scie à couteau dans le coffre de derrière de l'un des caissons de la section.

Boîte à fusées de rechange. — Au-dessous du râtelier d'outils se trouve une boîte mobile, contenant six logements dans chacun desquels on peut visser une fusée de rechange. La boîte est maintenue en place au moyen d'un verrou en bois.

Dans chaque coffre à munition d'une

batterie de guerre, la boîte à fusées est
garnie de ses fusées de rechange.

CASE DE DROITE ET CASE DE GAUCHE.

Projectiles. — Tous les projectiles sont
placés (les obus, la fusée en bas) dans
des *godets* destinés à les emboîter et à en
assurer la fixité.

Les projectiles sont disposés sur deux
couches et répartis de la manière suivante, dans les cases de droite et de gauche :

Case de droite, couche supérieure,
5 obus, 3 boîtes à mitraille. — Couche
inférieure, 8 obus.

Case de gauche, couche supérieure,
5 obus, 3 obus à balles. — Couche inférieure, 8 obus.

Les seize projectiles qui, pour l'ensemble des deux cases, composent la couche
supérieure, sont logés dans quatre porte-
projectiles mobiles, qui ne diffèrent entre
eux que par la forme des godets.

Deux de ces porte-projectiles ont chacun quatre godets égaux, pour obus or-

dinaires ; on les appelle *Porte-obus ordinaires*.

Le troisième a un godet pour obus ordinaire et trois godets cylindriques pour boîtes à mitraille ; on l'appelle *Porte-boites à mitraille*. On le reconnaît, à première vue, à la peinture noire qui entoure les godets cylindriques.

Le quatrième a un godet pour obus ordinaire et trois godets de même forme, mais moins profonds que le précédent, pour obus à balles ; on le nomme *Porte-obus à balles*. On le reconnaît, à première vue, à la peinture rouge qui entoure les godets d'obus à balles.

Ces différents porte-projectiles mobiles ayant exactement les mêmes dimensions, peuvent se remplacer les uns les autres dans les cases ; et, lorsqu'ils sont vides, leur position relative est indifférente ; mais lorsqu'ils portent des projectiles, on leur a assigné, pour assurer l'uniformité dans le chargement des coffres, les positions suivantes :

Les deux *porte-obus ordinaires*, contre le devant du coffre, l'un dans la case de droite, l'autre dans la case de gauche.

Le *porte-boîtes à mitraille*, dans la case de droite, et le *porte-obus à balles*, dans celle de gauche, tous deux contre le derrière du coffre, de manière que les trois boîtes à mitraille ou les trois obus à balles occupent l'angle formé par le derrière du coffre et la séparation.

Sous les quatre porte-projectiles mobiles se trouve la seconde couche de projectiles, composée uniquement d'obus ordinaires, au nombre de 16 pour la totalité du coffre, 8 par case. Ces obus sont placés dans les godets de quatre porte-obus ordinaires, fixés au fond des cases.

Huit tampons en bois, attachés au coffre par des ficelles, servent à isoler les projectiles et à assurer leur stabilité.

POCHE DOUBLE A ÉTOUPILLES ET A LANIÈRES.

Une poche double (en cuir), appelée *Poche double à étoupilles et à lanières*, est fixée à la partie intérieure du couvercle du coffre.

La poche supérieure contient 5 paquets

d'étoupilles ; la poche inférieure, 10 lanières de rechange.

On ne place de lanières de rechange que dans les coffres d'avant-train.

PASSES DE DÉGORGEOIRS DE RECHANGE.

Deux *dégorgeoirs de rechange* sont maintenus horizontalement au-dessous de la poche double, au moyen de deux passes (en cuir).

Chaque coffre d'avant-train d'affût et de caisson de première ligne contient deux dégorgeoirs de rechange, dont un à vrille pour les coffres d'avant-train d'affût seulement.

MODE A SUIVRE POUR DISTRIBUER LES MUNITIONS.

On commence ordinairement par prendre les munitions dans le coffre d'avant-train de la pièce ; puis, on passe aux coffres du caisson.

Sur le champ de bataille, où les caissons doivent, autant que possible, être mis à l'abri, on peut, selon les circons-

tances, ou remplacer l'avant-train de la
pièce par celui du caisson, ou réapprovi-
sionner au caisson l'avant-train de la
pièce, ou prendre telle autre disposition
qu'on juge convenable, en tenant compte
de la facilité que donne le nouveau mode
de chargement pour transporter les munitions d'un coffre dans un autre.

Pour distribuer les munitions, l'artificier (ou le deuxième servant de droite)
ouvre le coffre, puis la caisse à poudre,
dans laquelle il prend trois sachets
qu'il remet au pourvoyeur. Il a soin d'é-
puiser un compartiment avant d'en en-
tamer un autre. L'artificier enlève le
tampon qui maintient en place les projectiles et remet au pourvoyeur trois
obus pris dans la couche supérieure de
la case de droite, dont il épuise les cinq
obus avant de passer à la case de gauche.
Il ne distribue des boîtes à mitraille ou
des obus à balles que lorsqu'il en reçoit
l'ordre.

Après avoir distribué les cinq obus de
la couche supérieure de la case de gauche, l'artificier enlève le porte-obus vide
de la case de droite, et le place sur le

porte-obus vide de la case de gauche. Il distribue alors quatre obus de la couche inférieure de la case de droite. Il retire ensuite de la case de gauche les deux porte-obus vides, et les met l'un sur l'autre, contre le devant du coffre, dans la case de droite. Il peut ainsi distribuer quatre obus de la couche inférieure de la case de gauche.

A partir de ce moment, si les trois obus à balles ont été consommés, l'artificier enlève le porte-obus à balles, le pose, dans la même case, contre le devant du coffre ; distribue les quatre derniers obus de la couche inférieure de la case de gauche, et remet le porte-obus à balles à sa place.

Si les trois boîtes à mitraille ont été consommées, l'artificier passe dans la case de gauche les deux porte-obus vides ; enlève le porte-boîtes à mitraille, le pose, dans la case de droite, contre le devant du coffre ; distribue les quatre derniers obus de cette case, et remet le porte-boîtes à mitraille à sa place.

Si l'on n'a consommé ni boîtes à balles ni obus à balles, l'artificier, pour distri-

buer les derniers obus de la couche inférieure, procède de la manière suivante :

Après avoir donné trois sachets au
pourvoyeur, il ferme la caisse à poudre,
et met sur le couvercle les trois obus à
balles; puis il enlève le porte-obus à
balles; le pose, dans la case de gauche,
contre le devant du coffre; distribue
trois des obus de la couche inférieure de
cette case; place le quatrième sur le couvercle de la caisse à poudre, et remet en
place le porte-obus à balles, qu'il garnit
des trois obus à balles et du dernier obus
de la case de gauche.

L'artificier opère d'une manière analo-
gue pour dégager les quatre obus qui
restent dans la case de droite, après
avoir toutefois transporté dans la case
de gauche les deux porte-obus vides.

Avant de se remettre en marche avec
un coffre vide, il faut superposer deux à
deux les porte-projectiles mobiles. Si le
coffre est seulement incomplet, on ré-
partit, sur les porte-projectiles mobiles,
les projectiles restants, ou bien on super-
pose les porte-projectiles, de manière
à empêcher tout ballottement des porte-

projectiles et des projectiles pendant la marche. L'artificier prend au besoin des obus dans la couche inférieure.

L'artificier a soin de décoiffer chaque obus avant de le remettre au pourvoyeur; à cet effet, il enlève, avec la main, le ruban de fil qui recouvre l'un des évents de la fusée (celui qui correspond à la plus grande distance).

CHARGEMENT DES COFFRETS D'AFFUT.

Les coffrets d'affût contiennent chacun deux boîtes à mitraille, deux sachets, et un paquet de cinq étoupilles. Celui de gauche contient de plus : un dégorgeoir court, un tire-feu, et un doigtier dans l'intérieur duquel on place le paquet d'étoupilles.

QUATRIÈME PARTIE.

MANŒUVRES DE FORCE.

92. Les canonniers sont en veste et bonnet de police.

La pièce est conduite au champ de manœuvre et mise en batterie comme il est prescrit (n°s 61 et 62.)

Si les canonniers sont en armes, ils déposent leurs mousquetons à 3 mètres à droite et à hauteur de la crosse, avant de commencer une manœuvre de force.

Les six servants de la bouche à feu sont suffisants pour exécuter toutes les manœuvres de force.

L'instructeur doit toujours veiller avec soin à ce que chaque servant remplisse exactement les fonctions qui lui sont assignées, et ne s'occupe que de celles-là ; à ce que chaque partie de la manœuvre soit exécutée en silence, et à ce que l'exécution de chaque commandement soit suivie d'une immobilité absolue.

Il recommande aux canonniers d'avoir, autant que possible, les talons joints, lorsqu'ils ont à exercer un effort un peu énergique, en se baissant ou en se relevant. Il leur explique que cette précaution a pour but, tout en rendant leur effort plus puissant, de prévenir des accidents fâcheux.

ARTICLE Ier.

CHANGER UNE ROUE.

93. La roue de rechange est disposée d'avance à portée, sur le petit bout du moyeu,

par les deuxièmes servants, qui sont chargés, en outre, de remettre la roue hors de service sur l'essieu porte-roue du caisson, quand il y a lieu.

SOMMAIRE DE LA MANŒUVRE.

Placer à l'écart le seau, les écouvillons et le tire-bourre. — Assurer les sus-bandes. — Lever la vis de pointage de toute sa hauteur. — Soulever l'affût à l'aide d'un levier introduit dans l'âme de la pièce et d'un second levier passé en croix sous le premier. — Soutenir l'affût pendant qu'on change la roue. — Replacer les leviers, le seau, les écouvillons et le tire-bourre.

94. L'instructeur voulant faire changer une roue, commande :

    1. PRÉPAREZ-VOUS A CHANGER LA ROUE GAUCHE (*ou* DROITE.)
    2. *Levez l'affût*—FERME.
    3. CHANGEZ LA ROUE.
    4. A VOS POSTES.

Au commandement PRÉPAREZ-VOUS A CHANGER LA ROUE GAUCHE, le premier servant de droite pose son écouvillon entre le flasque droit et la pièce, le refouloir à terre ; enlève le seau et le porte à 3 mètres à droite de la pièce, à hauteur de la tête d'affût ; il place dessus son écouvillon, le refouloir à terre du côté de la crosse. Le premier servant de gauche enlève, à l'aide du pointeur, l'autre écouvillon et le tire-bourre, et les place sur le seau de la même manière.

Les premiers servants se porrent à la bouche de la pièce, face du côté de la culasse, et pèsent sur la volée.

Le pointeur lève la vis de pointage de toute sa hauteur.

Les deuxièmes servants se portent à l'affût, et assurent les sus-bandes.

Le pointeur détache le levier de pointage.

Le pointeur-servant détache le levier de son côté, et le passe au premier servant de gauche.

Le premier servant de gauche introduit, avec précaution, son levier dans l'âme, l'arrêtoir en dessous, et s'y applique ainsi que le premier servant de droite.

L'instructeur est certain que le levier est bien placé, lorsque la maille de bride, qui est toujours apparente, est elle-même placée en dessous.

Le pointeur passe son levier en croix

sous celui du premier servant de gauche, et s'y applique ainsi que le pointeur-servant, tous deux faisant face à la pièce.

Le deuxième servant de gauche ôte la lanière, l'esse et la rondelle; il saisit le devant, et le deuxième servant de droite saisit le derrière de la roue.

Quand on change la roue droite, le deuxième servant de droite remplit les fonctions assignées au deuxième servant de gauche, et réciproquement.

L'instructeur saisit des deux mains la jante supérieure de l'autre roue, et appuie un pied sur la jante inférieure.

A la dernière partie du deuxième commandement, qui est FERME, les servants soulèvent la partie gauche de l'affût.

L'instructeur maintient la roue droite, pour l'empêcher d'être soulevée et de glisser.

Quoique l'effort des servants, à la roue gauche, ait pour effet de porter le poids du système sur la roue droite, cependant, au premier instant de l'action de tous les servants, il y a un à-coup qui tend à soulever cette roue, et elle glisserait si l'instructeur ne la maintenait en se plaçant comme il a été dit.

Au commandement CHANGEZ LA ROUE, les deuxièmes servants enlèvent la roue gauche, et la remplacent promptement par la roue de rechange. Le deuxième servant de gauche replace la rondelle, l'esse et la lanière.

Au commandement A VOS POSTES, les premiers servants, à l'aide des pointeurs, remettent en place les leviers, le seau, l'écouvillon de rechange et le tire-bourre. Les premiers servants pèsent sur la volée.

Le pointeur baisse la vis de pointage.

Tous reprennent leurs postes autour de l'affût et à l'avant-train.

95. Si la pièce est sur son avant-train, la manœuvre s'exécute de la même manière.

Par des moyens analogues, on change la roue d'un caisson.

96. Si l'essieu est à terre, soit parce que la roue a été totalement brisée, soit parce que la fusée est sortie du moyeu, l'esse étant perdue, la manœuvre doit être modifiée de la manière suivante :

Les premiers et les deuxièmes servants, les pointeurs et l'instructeur étant placés comme il est prescrit pour le commandement PRÉPAREZ-VOUS A CHANGER LA ROUE GAUCHE (*ou* DROITE) (n° 94), le deuxième servant de gauche s'applique à la tête, le deuxième servant de droite au derrière du flasque.

Quand l'affût est soulevé, l'instructeur commande :

> PLACEZ LA ROUE, au lieu de CHANGEZ LA ROUE.

Au commandement PLACEZ LA ROUE, les deuxièmes servants abandonnent le flasque, saisissent promptement la roue, et la mettent en place.

ARTICLE II.

DESCENDRE UNE PIÈCE DE SON AFFUT.

SOMMAIRE DE LA MANŒUVRE.

Placer à l'écart le seau, les écouvillons et le tire-bourre. — Enlever la Hausse latérale. — Lever les sus-bandes. — Caler les roues. — Lever la vis de pointage de manière que l'axe de la pièce soit horizontal. — Lever la crosse. — Dresser la pièce d'aplomb sur sa bouche. — Retirer l'affût. — Renverser la pièce à terre, les anses en dessus. — Replacer les leviers, le seau, les écouvillons et le tire-bourre.

97. L'instructeur voulant faire descendre la pièce de son affût, commande :

1. Préparez-vous a descendre la pièce.
2. *Descendez la pièce*—Ferme.
3. A vos postes.

Au commandement Préparez-vous a descendre la pièce, le seau, les écouvillons et le tire-bourre sont enlevés et disposés comme il est prescrit (n° 94).

Les premiers servants se portent à la bouche de la pièce, face du côté de la culasse, et pèsent sur la volée.

Le pointeur enlève la Hausse latérale; lève la vis de pointage de manière que l'axe de la pièce soit horizontal, et va saisir la poignée de crosse de son côté. Le pointeur-servant saisit l'autre poignée.

Les deuxièmes servants se portent à l'affût; calent les roues, lèvent les sus-bandes, et les laissent pendre, contre le coffret, du côté de la crosse; ils se placent entre le flasque et la roue, et appuient une main contre la culasse, l'autre contre la roue.

A la dernière partie du deuxième commandement, qui est Ferme, les premiers servants pèsent sur la volée, et saisissent les anses dès que la bouche de la pièce pose à terre. Les pointeurs lèvent la flèche presque verticalement. Les deuxièmes servants poussent la culasse pour aider à dresser la pièce, et, aussitôt qu'elle est d'aplomb sur sa bouche, ils décalent les roues en arrière, et s'y appliquent pour aider à faire reculer l'affût.

Les pointeurs baissent la flèche, et saisissent le levier de pointage comme il est prescrit pour le mouvement *A bras en arrière* (n° 55).

Lorsque l'affût a reculé suffisamment, les premiers servants font tomber la pièce du côté opposé aux anses.

Au commandement A VOS POSTES, les deuxièmes servants replacent les susbandes. Les premiers servants, à l'aide des pointeurs, remettent en place les leviers, le seau, les écouvillons et le tire-bourre.

Tous reprennent leurs postes autour de l'affût et à l'avant-train.

98. Si l'affût doit recevoir immédiatement une nouvelle pièce, on ne remet pas en place le seau, les écouvillons et le tire-bourre.

ARTICLE III.

MONTER UNE PIÈCE SUR SON AFFUT.

99. La pièce est à terre, les anses en dessus. L'affût est disposé dans la même direction, à 5 ou 6 mètres du bouton de culasse. Les servants sont à leurs postes autour de l'affût et à l'avant-train.

SOMMAIRE DE LA MANŒUVRE.

Placer à l'écart le seau, les écouvillons et le tire-bourre. — Passer un levier en croix sous le bouton de culasse. — Dresser la pièce. — Amener l'affût. — Caler les roues. — Lever la crosse. — Placer la pièce. — Remettre en place le levier, le seau, les écouvillons, le tire-bourre, et la Hausse latérale.

100. L'instructeur voulant faire monter la pièce sur son affût, commande :

1. PRÉPAREZ-VOUS A MONTER LA PIÈCE.
2. *Dressez la pièce*—FERME.
3. PLACEZ LA PIÈCE.
4. A VOS POSTES.

Au commandement PRÉPAREZ-VOUS A MONTER LA PIÈCE, les deuxièmes servants se portent à l'affût, lèvent les susbandes et les laissent pendre, contre le coffret, du côté de la crosse.

Le seau, les écouvillons et le tire-bourre sont enlevés et disposés comme il est prescrit (n° 94.)

Le pointeur descend la vis de pointage à fond.

Le pointeur-servant détache le levier de son côté, et le passe au premier servant de gauche. Le premier servant de gauche passe son levier en croix sous le bouton de culasse, et s'y applique ainsi que le premier servant de droite et les pointeurs, les pointeurs en dedans. Les deuxièmes servants s'appliquent aux anses.

L'instructeur appuie un pied sur le bourlet pour empêcher la pièce de glisser.

A la dernière partie du deuxième commandement, qui est FERME, tous les servants agissent ensemble pour dresser la pièce. Aussitôt qu'elle est d'aplomb sur sa bouche, les premiers servants seuls la maintiennent dans cette position. Le premier servant de gauche se débarrasse de son levier, en le jetant derrière lui.

Au commandement PLACEZ LA PIÈCE, le pointeur et le pointeur-servant saisissent chacun une poignée de crosse ; les deuxièmes servants s'appliquent aux roues. Tous quatre disposent l'affût, la tête des flasques à 5 centimètres environ de la pièce. Les deuxièmes servants calent les roues, viennent ensuite s'appliquer à la flèche, et aident les pointeurs à lever la crosse presque verticalement.

Les premiers servants poussent doucement la pièce pour faire arriver les tourillons dans leurs encastrements.

La pièce en place, les premiers servants pèsent sur la volée. Les pointeurs posent la crosse à terre.

Au commandement A VOS POSTES, les deuxièmes servants remettent les susbandes et décalent les roues. Les premiers servants, à l'aide des pointeurs, remettent en place le levier, le seau, les écouvillons et le tire-bourre.

Le pointeur replace la Hausse latérale dans son canal.

Tous reprennent leurs postes autour de l'affût et à l'avant-train.

CHANGER UN AFFUT.

101. Pour changer un affût, il suffit de com-

biner les deux manœuvres précédentes. On dresse la pièce sur sa bouche comme il est prescrit (n° 97); on amène le nouvel affût, et l'on y place la pièce comme il est prescrit (n° 100.)

ARTICLE IV.

Transporter la pièce avec l'avant-train, et la décharger.

102. La pièce est à terre, les anses en dessus. Les premiers servants se placent à hauteur de la tranche de la bouche; les pointeurs, à hauteur du bouton de culasse; les deuxièmes servants, à l'avant-train.

SOMMAIRE DE LA MANŒUVRE.

Amener l'avant-train. — Le placer de manière que le crochet cheville-ouvrière soit au-dessus des anses, la culasse tournée vers le timon. — Caler les roues. — Détacher la prolonge. — Lever le timon et la volée de la pièce. — Brêler les anses au crochet cheville-ouvrière, et la culasse à la fourchette. — Marcher. — Arrêter.

Débrêler le bouton de culasse. — Lever la volée et le timon. — Dégager la prolonge du crochet cheville-ouvrière. — Poser la pièce à terre. — Reployer la prolonge.

103. L'instructeur voulant faire transporter la pièce avec l'avant-train, commande :

1. PRÉPAREZ-VOUS A TRANSPORTER LA PIÈCE AVEC L'AVANT-TRAIN.
2. *Brêlez la pièce*—FERME.
3. EN AVANT.
4. MARCHE.
5. HALTE.
6. DÉBRÊLEZ LA PIÈCE—FERME.
7. A VOS POSTES.

Au commandement PRÉPAREZ-VOUS A TRANSPORTER LA PIÈCE AVEC L'AVANT-TRAIN, les deuxièmes servants amènent l'avant-train comme il est prescrit (n° 63), et le disposent de manière que le crochet cheville-ouvrière soit au-dessus des anses, la culasse tournée vers le timon. Le deuxième servant de gauche cale les roues, et se porte au bout du timon.

Le pointeur-servant détache le levier de son côté, et le passe au premier servant de gauche. Le premier servant de gauche introduit, avec précaution, son levier dans l'âme, l'arrêtoir en-dessous (n° 94), et s'y applique ainsi que le premier servant de droite.

Le pointeur, aidé du pointeur-servant,

détache la prolonge; la double à environ 1^m,20 de la ganse de la maille; passe la boucle ainsi formée dans les anses, et fixe d'abord la ganse, puis la boucle, au crochet cheville-ouvrière.

A la dernière partie du deuxième commandement, qui est FERME, les premiers servants soulèvent la volée. Les deuxièmes servants lèvent le timon.

Le pointeur et le pointeur-servant serrent les tours de la prolonge. Le pointeur-servant se porte à la volée de l'avant-train. Le pointeur tire sur le brin libre; fait passer ce brin dans le crochet cheville-ouvrière, et le donne par-dessous l'avant-train au pointeur-servant. Le pointeur-servant en entoure la fourchette, en arrière du marchepied. Le premier servant de gauche retire son levier, et le pose derrière lui.

Les deuxièmes servants baissent le timon horizontalement. Les premiers servants pèsent sur le bourlet, pour soulever la culasse. Le pointeur se porte à la volée de l'avant-train; brêle, en croisant les brins, le bouton de culasse à la fourchette, en arrière du marchepied, de manière que la pièce soit horizontale, et arrête le

bout de la prolonge par des demi-
nœuds.

Le deuxième servant de gauche vient
décaler les roues, et retourne au bout du
timon.

Au commandement EN AVANT, les
deuxièmes servants saisissent les chaînes
de timon.

Les pointeurs s'appliquent aux roues de
l'avant-train.

Au commandement MARCHE, tous se
mettent en marche. Les premiers servants
emportent les armements.

On n'exécute le troisième et le quatrième
commandement, avec les servants, qu'à l'instruction, pour faire voir aux canonniers la
solidité du brêlage et comment se comporte
le système pendant la marche. Dans toute
autre circonstance, on se sert de l'attelage
pour transporter la pièce, et les canonniers
n'ont à exécuter que les deux premiers commandements. Dans ce cas, les premiers servants portent les écouvillons et le tire-bourre.
Le pointeur-servant porte le seau et un levier,
le pointeur l'autre levier.

Au commandement HALTE, tous s'arrêtent.

A la première partie du sixième commandement, qui est DÉBRÊLEZ LA PIÈCE, les premiers servants posent les armements à terre. Le premier servant de gauche introduit avec précaution un levier dans l'âme de la pièce, l'arrêtoir en dessous (n° 94); s'y applique ainsi que le premier servant de droite, et pèse sur la volée. Le pointeur dégage le bouton de la prolonge; défait les nœuds, et se porte derrière l'avant-train.

A la dernière partie du sixième commandement, qui est FERME, les hommes au levier soulèvent la volée. Les deuxièmes servants lèvent le timon. Le pointeur dégage la prolonge du crochet cheville-ouvrière. Le pointeur-servant fait filer le brin qui entoure la fourchette. Les premiers servants posent la pièce à terre. Les deuxièmes servants baissent le timon horizontalement. Le pointeur reploie la prolonge. Les deuxièmes servants remettent l'avant-train à sa position.

Au commandement A VOS POSTES, le premier servant de gauche replace son levier.

Tous reprennent leurs postes autour de l'affût et à l'avant-train.

104. Quand une pièce est versée en cage, ce qui est très rare, on sépare la bouche à feu de l'affût, et on les relève séparément.

———

NOTE

SUR LA MANIÈRE DE DESCENDRE ET DE MONTER LES COFFRES.

DESCENDRE LE COFFRE D'AVANT-TRAIN.

Séparer les deux trains ; caler les roues de l'avant-train ; enlever les arrêtoirs, et maintenir le timon horizontalement.

Engager deux leviers dans les étriers de portereau ; placer aux leviers quatre hommes, dont deux montés sur l'avant-train, pour pousser le coffre en arrière.

Dès que les hommes montés sur l'avant-train ne peuvent plus agir, deux autres viennent à leur aide, en se plaçant derrière l'avant-train.

MONTER LE COFFRE D'AVANT-TRAIN.

Mêmes principes et moyens inverses.

DESCENDRE ET MONTER LES COF-FRES D'ARRIÈRE-TRAIN.

Séparer les deux trains ; poser à terre la lunette de flèche ; descendre ou monter les deux coffres d'arrière-train du côté de la flèche, en se conformant à ce qui est prescrit pour le coffre d'avant-train.

L'instructeur pose le pied sur la lunette pour empêcher qu'elle ne soit soulevée, lorsque le coffre de devant est enlevé.

❖

NOMENCLATURE EXPLICATIVE

Que l'instructeur doit faire aux canonniers, pendant les repos, en indiquant de la main les objets, à mesure qu'il les nomme.

BOUCHE A FEU.

L'âme est le vide intérieur destiné à recevoir la charge.

La bouche est l'entrée de l'âme.

La tranche de la bouche est le plan qui termine la pièce à sa partie antérieure.

Le bourlet en tulipe est le renflement qui se trouve vers la bouche.

L'astragale est la moulure qui se trouve au bas du bourlet.

La volée est la partie de la pièce comprise entre l'astragale et la première gorge en allant vers la culasse.

Le deuxième renfort est compris entre la première et la deuxième gorges.

Le premier renfort est compris entre la deuxième gorge et la plate-bande de culasse.

Les tourillons sont placés de chaque côté de la bouche à feu, et lui servent de points d'appui sur l'affût.

Les embases renforcent les tourillons, et assurent la position de la pièce entre les flasques.

Les anses sont placées sur le deuxième renfort ; elles servent dans les manœuvres de force.

La lumière est le canal qui aboutit vers le fond de l'âme, et par lequel on met le feu à la charge.

La culasse est le derrière de la pièce, à partir du fond de l'âme.

Le bouton de culasse est la partie saillante et arrondie qui termine la culasse.

La mire-hausse de culasse. [...] Elle [...] culasse.

La Hausse [...] sert à accrocher [...] ter la pièce aux distances [...] tre [...] et 1500 mètres. Elle est [...] le cul-de-lampe, au-dessus du [...]

L'cran de mire ou œilleton [...] pratiquée sur le bourlet, point [...] sur le but, lorsqu'on pointe [...] médiane.

La Hausse latérale se place [...] située sur le côté droit de la culasse [...] à pointer la pièce à toutes les distances [...] particulièrement aux distances [...] 1500 mètres et supérieures à 1500 [...]

Le guidon est placé sur l'embase [...] son droit [...] à diriger la pièce [...] lorsqu'on pointe avec la hausse.

AFFÛT

Les affûts sont [...] lesquels reposent les [...] che à feu; ils sont garnis [...] bandes en fer [...]

L'affût est composé de [...] il est assemblé [...] un de [...] avant [...]

(Les roues sont les deux autres points d'appui.)

La crosse est la partie arrondie de la flèche, qui pose à terre lorsque la bouche à feu est en batterie.

Les encastrements des tourillons sont des échancrures pratiquées dans les flasques pour recevoir les sous-bandes sur lesquelles reposent les tourillons.

Les sus-bandes sont les pièces en fer qui maintiennent les tourillons dans leurs encastrements ; elles sont assujéties d'un bout par une *cheville à mentonnet*, de l'autre par une *cheville à tête plate* dans le trou de laquelle on passe une *clavette*.

La vis de pointage sert à baisser ou à lever la culasse. On la manœuvre au moyen d'une manivelle à quatre branches.

L'écrou de vis de pointage sert pour le mouvement de la vis de pointage.

Le sabot d'enrayage, sur le côté droit de l'affût. Il sert pour empêcher le mouvement de la roue, quand cela est nécessaire.

Les poignées de crosse, placées de chaque côté de la crosse. Elles servent à soulever la flèche.

Le bout de crosse-lunette, fixé au bout de la flèche. *La lunette* est destinée à recevoir le crochet cheville-ouvrière.

Les anneaux de pointage (le *grand* et le *petit*),

placés sur la crosse. Ils reçoivent le levier de pointage. Le grand est mobile.

Les anneaux porte-levier, un sur chaque flasque. Ils servent à fixer les leviers à l'affût.

Les rosettes à T porte-levier, une sur chaque flasque. Elles servent à fixer les leviers à l'affût.

Les étriers porte-écouvillon, sous la flèche. Ils servent à fixer les écouvillons à l'affût.

Les crochets porte-écouvillon, sous les flasques. Ils servent à fixer les écouvillons à l'affût ; celui de gauche est disposé de manière à fixer aussi le tire-bourre.

Le crochet porte-tire-bourre, sous la flèche. Il sert à fixer le tire-bourre à l'affût.

Le crochet à T porte-seau, sous la flèche. Il sert à suspendre le seau.

La rosette-anneau porte-hachette. Elle sert à fixer le manche de la hachette.

La rosette à oreilles porte-hachette. Elle sert à fixer le corps de la hachette.

Les deux coffrets d'affûts, sur l'essieu.

AVANT-TRAIN.

L'avant-train est la partie antérieure de la voiture ; l'affût forme l'arrière-train.

Les armons sont les pièces en bois sur lesquelles repose le coffre à munitions.

La fourchette est une pièce en bois placée

entre les armons ; elle présente une ouverture dans laquelle s'engage le *têtard* du timon.

La volée sert à atteler les chevaux do
derrière, et porte à cet effet 4 *crochets d'attelage.*

La servante sert à soutenir le timon, quand
les chevaux sont dételés. Elle est relevée
sous la *volée,* aussitôt que les chevaux sont
attelés.

Les marchepieds servent d'appui aux pieds
des canonniers montés sur l'avant-train et
assis sur le coffre à munitions.

Le timon sert pour diriger la voiture, au
moyen des chevaux de derrière.

Les chaînes de timon s'attachent aux harnais
des chevaux de derrière. Elles donnent le
moyen de retenir dans les descentes, et de
faire reculer la voiture.

Les branches de support de timon portent
deux *anneaux coulants,* qui, au moyen de
courroies, s'attachent aux harnais des chevaux de derrière. Elles servent à supporter
le timon.

Le crochet cheville-ouvrière sert à réunir
l'affût avec l'avant-train, quand on l'engage
dans la lunette.

La chevillette du crochet cheville-ouvrière
sert à empêcher la lunette de se dégager du
crochet cheville-ouvrière.

15

Le grand crochet de prolonge, au milieu de la patte du crochet cheville-ouvrière. *Deux crochets de prolonge*, sous le corps de l'essieu, un à chaque bout. Ces trois crochets servent à ployer la prolonge.

Le coffre à munitions sert à renfermer les munitions. On distingue le *coffre* proprement dit, le *couvercle*, les *poignées* et les *étriers de portereau*.

CAISSON.

Le brancard du milieu. Il reçoit l'essieu porte-roue.

Les brancards des côtés. Ils servent à supporter les coffres à munitions.

La bande support d'essieu porte-roue. Elle sert à soutenir le brancard du milieu. Elle est percée d'une ouverture pour recevoir une pioche.

L'essieu porte-roue. On y place la roue de rechange.

Le crochet de brancard du milieu. Il est destiné à recevoir la lunette d'une voiture dont l'avant-train serait hors de service.

La flèche. Elle sert à relier le caisson à l'avant-train, au moyen de la lunette.

Les deux coffres à munitions. Comme celui de l'avant-train.

PRINCIPAUX ARMEMENTS ET ASSORTIMENTS.

Le seau sert à transporter l'eau nécessaire pour rafraîchir la pièce pendant les feux vifs et soutenus. Il est suspendu sur le devant de l'essieu de l'affût, au moyen d'une *maille torse* dans laquelle s'engage le crochet à T.

La prolonge. C'est un cordage de 8 mètres de longueur et de deux centimètres de diamètre environ, terminé à un bout par un T en fer, à l'autre par une *maille* en fer prise dans une *ganse.* Elle sert à réunir l'affût à l'avant-train, de manière que la bouche à feu puisse être traînée par l'attelage, sans qu'il soit nécessaire de mettre l'affût sur l'avant-train. A cet effet, on passe le T dans la lunette et la maille dans le crochet cheville-ouvrière. Quand on ne veut pas faire usage de la prolonge, on la ploie sur ses crochets fixés à l'essieu de l'avant-train.

L'écouvillon. Il sert à nettoyer la pièce, à éteindre le feu qui pourrait y rester, et à pousser la charge jusqu'au fond de l'âme. Il se compose d'une *hampe,* d'une *brosse* et d'un *refouloir ;* une cavité, nommée *godet,* est creusée à l'extrémité du refouloir pour recevoir la fusée de l'obus. Il y a un écouvillon de chaque côté de l'affût.

Le tire-bourre sert à extraire de l'âme les corps étrangers.

Le levier sert au pointage de la pièce et aux manœuvres de force. On distingue dans le levier : le *petit bout*, vers lequel se trouve une *bride* portant une *maille* qui sert à suspendre le levier à la *rosette à T porte-levier*; le *corps*, garni d'un *arrêtoir* qui empêche le levier de sortir des anneaux de pointage ; le *gros bout*. Il y a un levier de chaque côté de l'affût.

Le dégorgeoir ordinaire est une tige en acier montée sur un manche en bois.

Le dégorgeoir court, placé dans le coffret d'affût, n'a pas de manche. On se sert du dégorgeoir pour percer le sachet quand la charge est au fond de l'âme, afin que le feu de l'étoupille atteigne plus sûrement la poudre.

Le tire-feu sert à déterminer le frottement qui enflamme l'étoupille fulminante.

Le doigtier sert au pointeur à boucher la lumière, quand on charge la pièce. On évite ainsi le courant d'air qui activerait la combustion des débris provenant des coups tirés précédemment, et qui pourrait enflammer la charge.

Le débouchoir est une pointe en acier, montée sur un manche en bois ; on s'en sert pour déboucher les évents des fusées.

Le sac à charges sert aux pourvoyeurs pour

apporter les munitions; on y fixe le débouchoir.

Le sac à étoupilles sert au pointeur-servant
pour porter le tire-feu et les étoupilles, et au
pointeur pour porter la Hausse latérale, le
doigtier et le dégorgeoir.

MUNITIONS.

La charge se compose de deux parties sé-
pa:ées :

1° *Le sachet*, contenant 550 grammes de poudre.

2° *Le projectile :* Obus ordinaire. — Obus à
balles. — Boîte à mitraille.

L'obus ordinaire est un projectile creux de
forme oblongue, armé de 12 *ailettes* en zinc.
Il pèse 4 kil.100.

Les ailettes, en suivant les rayures, forcent
le projectile à prendre un mouvement de rotation qui assure la justesse du tir.

L'obus ordinaire est percé d'un trou tarau-
dé, nommé *lumière*, par lequel on introduit
dans l'intérieur du projectile une certaine
quantité de poudre (200 gr.) ; une *fusée* en laiton, vissée dans la lumière, communique le
feu à cette poudre, et fait éclater l'obus.

L'obus à balles est un projectile creux de
même forme que l'obus ordinaire, mais moins
haut. On peint en rouge les obus à balles,

pour qu'on les distingue aisément des obus ordinaires. — Poids 4 kil.240.

L'obus à balles est armé de 12 *ailettes* comme l'obus ordinaire, et d'une fusée en laiton. Il contient une charge de poudre, intérieure, de 70 gr., et 60 *balles* de pistolet de gendarmerie.

La boîte à mitraille est une boîte en zinc fermée par deux culots. — Poids : 4 kil.725.

La boîte à mitraille contient 41 balles N° 6, en fer.

L'étoupille est composée d'un tube en cuivre, dans lequel se trouvent de la poudre ordinaire, et de la poudre fulminante renfermée dans un petit tube concentrique au premier. Un fil de laiton traverse le petit tube et se recourbe en crochet aplati et taillé à envi : c'est le *rugueux*. L'autre extrémité du fil de laiton est repliée et tordue pour former la *boucle* dans laquelle s'engage le crochet du *tire-feu*. Le tube de l'étoupille est fermé à sa partie inférieure par de la cire; à sa partie supérieure, par un petit tampon en bois.

CANON DE 12, RAYÉ, DE SIÉGE.

Le canon de 12, rayé, de siége, est l'ancien canon de 12, de campagne, rayé. Il lance le même projetile que le canon de 12, rayé, de réserve. Il est monté sur l'ancien affût de 12, de campagne. On a laissé sur l'avant-train le coffre à munitions, qui peut être utilement employé pour transporter ou conserver quelques approvisionnements.

Le canon de 12, rayé de siége, peut servir comme pièce de réserve ou de position, ou comme pièce de siége. Dans le premier cas, le règlement sur le service du canon de 12, rayé, de réserve, est applicable; dans le second cas, on doit se conformer aux prescriptions du présent titre.

Il faut six hommes (ou servants) pour le service d'un canon de 12, rayé, de siége.

1. Un premier servant de droite. — 2. Un premier servant de gauche : Ils partagent les détails de la charge. — 3. Un second servant de droite : Il amorce la pièce et met le feu. — 4. Un second servant de gauche : Il approvisionne la pièce. — (Tous quatre concourent aux mouvements de la pièce.)

5. Un pointeur : Il dirige la pièce.

6. Un pointeur-servant : Il aide le pointeur à placer la pièce dans la direction du but.

Ce chapitre se divise en deux articles :

ARTICLE Ier.

Formation du peloton de la pièce.
Entrer en batterie.
Charge par temps.
Changer de postes.
Charge à volonté.
Cesser le feu.
Sortir de batterie.

ARTICLE II.

Formation du détachement pour le service de plusieurs bouches à feu réunies.
Entrer en batterie.
Sortir de batterie.

Ce chapitre comprend en outre une NOTE SUR LE POINTAGE.

1. Les canonniers sont en veste, en shako et en armes.

2. La pièce est en batterie sur la plate-forme.

Une pièce de siége est en batterie, lorsque, la crosse reposant sur la plate-forme, et les roues touchant le heurtoir, la volée est engagée dans l'embrasure.

Les armements et approvisionnements sont disposés ainsi qu'il suit :

LES LEVIERS DE POINTAGE : Celui de gauche passé dans les anneaux de pointage, celui de droite appuyé contre l'épaulement.

L'ÉCOUVILLON : Sur deux chevalets, à droite de la pièce, le refouloir du côté de l'épaulement.

LE SAC A CHARGES. — LES DEUX SACS A ÉTOUPILLES : Suspendus au bouton de culasse.

LE DÉGORGEOIR : Fixé au couvercle du sac à étoupilles du second servant de droite.

LE TIRE-FEU : Dans le sac à étoupilles du second servant de droite.

LE DOIGTIER : Dans le sac à étoupilles du pointeur.

LA HAUSSE LATÉRALE : Placée dans sa gaîne, sous le couvercle du sac à étoupilles du pointeur.

LES OBUS. — LES SACHETS : En arrière de la batterie.

LES MASSES : Une de chaque côté de la pièce, contre l'épaulement, à 65 centimètres en dehors des roues.

LE CHAPITEAU : Couvrant la lumière.

LE BALAI : A gauche contre l'epaulement, à côté de la masse.

ARTICLE Ier.

Formation du peloton de la pièce.
Entrer en batterie.
Charge par temps.
Changer de postes.
Charge à volonté.
Cesser le feu.
Sortir de batterie.

FORMATION DU PELOTON DE LA PIÈCE.

3. L'instructeur place sur deux rangs les six hommes nécessaires au service de la bouche à feu. Il les prévient que le premier rang se compose des servants de gauche, et le second, des servants de droite ; que la première file, en commençant par la droite, fournit les premiers servants ; la seconde file, les seconds servants ; la troisième file, les pointeurs.

ENTRER EN BATTERIE.

4. L'instructeur fait marcher son peloton par le flanc droit ; le dirige par la droite ou par la gauche de la batterie, et l'établit en bataille à 3 mètres en arrière de la queue de la plate-forme, face à la pièce, le centre sur

le prolongement de l'axe (Instruction à pied, n°s 121, 132); puis il commande :

1. *Canonniers à droite.*
2. *(à)* DROITE.
3. *Par file à gauche à vos postes.*
4. MARCHE.
5. FRONT.

Au commandement *(à)* DROITE, les canonniers font un à droite.

Au commandement MARCHE, les deux rangs font par file à gauche; se séparent, et se dirigent respectivement à droite et à gauche de la bouche à feu, à 50 centimètres en dehors des roues.

Les premiers servants s'arrêtent à 1 mètre de l'épaulement; les seconds servants, à 1 mètre des premiers; les pointeurs, à 1 mètre des seconds servants.

Au commandement FRONT, tous font face à la bouche à feu, et s'alignent.

L'alignement se prend sur les premiers servants.

5. L'instructeur donne la nomenclature suivante, en indiquant de la main les objets à mesure qu'il les nomme :

L'ÉPAULEMENT OU LE COFFRE DE LA BATTERIE : Le revêtement. — L'embrasure.

LA PLATE-FORME : Le heurtoir. — La queue.

LE LEVIER. — L'ÉCOUVILLON : Comme aux canons de campagne.

LES CHEVALETS : Le plus voisin de l'épaulement se nomme *chevalet intérieur*, l'autre *chevalet extérieur*.

LE SAC A CHARGES : Comme aux canons de campagne.

LE DÉGORGEOIR.

LA HAUSSE LATÉRALE : Le curseur ; sa vis de pression. — Les divisions. — Le croisillon à coulisse.

LES MASSES.

LE CHAPITEAU.

LA CHARGE (composée de deux parties séparées) : Le sachet (contenant la poudre.) — L'obus : La lumière ; la fusée ; ses évents, les 12 ailettes.

LE CANON : L'âme ; ses six rayures. — Le canal de la Hausse latérale. — Le guidon ; placé sur l'embase du tourillon droit.

6. L'instructeur voulant faire distribuer les armements, fait déposer les mousquetons des servants à pied contre l'épaulement, puis il commande :

ÉQUIPEZ-VOUS.

Au commandement ÉQUIPEZ-VOUS, le pointeur se porte au bouton de culasse ;

s'équipe du sac à étoupilles renfermant le doigtier et la Hausse ; donne l'autre sac à étoupilles au second servant de droite ; remet le sac à charges au second servant de gauche ; place la Hausse latérale dans son canal ; enlève le chapiteau ; le place contre l'épaulement, à gauche du balai, et reprend son poste.

Le second servant de gauche s'équipe du sac à charges, pendant de droite à gauche.

Le second servant de droite s'équipe de son sac à étoupilles ; prend le tire-feu, et s'en équipe comme il est prescrit aux canons de campagne.

CHARGE PAR TEMPS.

7. L'instructeur voulant faire exécuter la charge par temps, commande :

1. HORS DE BATTERIE.

Au commandement HORS DE BATTERIE, les premiers et les seconds servants se portent aux roues, se faisant face, les premiers servants du côté de l'épaule-ment, et saisissent chacun un rais de chaque main, près de la jante, les ongles en dessous.

Le pointeur-servant se porte à l'extrémité du levier de pointage, face en arrière, et saisit le levier de la main droite, à l'extrémité.

Le pointeur fait un à droite; se porte à deux pas de sa position, en partant du pied gauche; se remet face à la pièce, et fait l'avertissement FERME, lorsque tous les servants sont prêts à agir.

A l'avertissement FERME, le pointeur-servant soulève la crosse. Tous font reculer la pièce. Le pointeur, veillant à ce qu'elle recule dans la direction de l'embrasure, arrête le mouvement par l'avertissement HALTE, lorsque la tranche de la bouche est assez éloignée de l'épaulement pour permettre aux premiers servants de manœuvrer l'écouvillon comme au canon de 12, rayé, de réserve.

A l'avertissement HALTE, le pointeur-servant pose la crosse à terre, et se remet face à la pièce. Les premiers servants saisissent les masses de la main voisine de l'affût; calent les roues; se relèvent, et se remettent face à la pièce, ainsi que les seconds servants.

2. CHARGEZ.

Au commandement CHARGEZ, le premier servant de droite fait un à gauche, se porte en dehors des chevalets en enjambant par-dessus l'écouvillon; saisit l'écouvillon des deux mains, les ongles en dessus; revient à la pièce, et enfonce l'écouvillon dans l'âme comme au canon de 12, rayé, de réserve.

Le premier servant de gauche se porte à la bouche de la pièce, et aide le premier servant de droite à enfoncer l'écouvilon dans l'âme comme au canon de 12, rayé, de réserve.

Le pointeur se porte à la vis de pointage; se baisse de manière à se couvrir de la culasse, la jambe gauche en avant; dispose la volée pour que l'on puisse charger commodément, débouche la lumière avec le doigt milieu de la main gauche, le pouce derrière la plate-bande de culasse.

Le second servant de gauche se porte à la queue de la plate-forme. Au signal du pointeur, il va au dépôt des munitions; prend un sachet qu'il met dans le sac à charges, et un obus décoiffé qu'il tient couché sur l'avant-bras et appuyé contre la poitrine, le culot dans la main gauche; revient à la pièce; se place à 50 centimètres en arrière et à droite du premier servant de gauche, face à la pièce; saisit le débouchoir de la main droite; débouche l'évent de la fusée, quand il y a lieu, en enlevant avec la pointe du débouchoir la petite rondelle de cuir qui bouche l'évent; replace le débouchoir, et prend le sachet de la main droite.

3. ECOUVILLONNEZ.

Au commandement ÉCOUVILLONNEZ, les premiers servants écouvillonnent comme au canon de 12, rayé, de réserve, et retirent l'écouvillon. Le premier servant de droite fait mouliner l'écouvillon comme au canon de 12, rayé, de réserve.

Le second servant de gauche remet le sachet au premier servant de gauche. Le premier servant de gauche, se tournant légèrement à droite, reçoit le sachet des deux mains; le soutient avec la main droite, et l'introduit dans l'âme de la main gauche, le culot le premier.

Les premiers servants enfoncent le sachet jusqu'au fond de l'âme.

4. REFOULEZ.

Au commandement REFOULEZ, les premiers servants pressent légèrement sur le sachet, et retirent l'écouvillon.

Le second servant de gauche remet l'obus au premier servant de gauche, et rentre à son poste.

Le premier servant de gauche, se tournant légèrement à droite, reçoit l'obus des deux mains et l'introduit dans l'âme, le culot le premier, en engageant doucement les ailettes dans les rayures.

Les premiers servants enfoncent sans effort l'obus dans l'âme jusque contre le sachet, et retirent l'écouvillon.

Il se produit quelquefois, surtout dans le tir à petites charges, un encrassement qui rend difficile le passage du projectile vers le milieu de l'âme ; mais il suffit, pour remédier à cet inconvénient, d'écouvillonner avec la brosse mouillée.

Le premier servant de droite reporte l'écouvillon sur les chevalets, et rentre à son poste.

Le premier servant de gauche balaie la plate-forme et rentre à son poste.

Dès que les premiers servants se retirent, le pointeur cesse de boucher la lumière; se relève sur la jambe gauche; fait un à droite et demi sur le talon gauche; se porte à la queue de la plate-forme dans le prolongement du levier de pointage, et se remet face à l'épaulement.

5. EN BATTERIE.

Au commandement EN BATTERIE, les premiers servants décalent les roues; se portent à hauteur du moyeu, face à la pièce, et saisissent un rais de chaque main, près de la jante, les ongles en dessous.

Les seconds servants se portent à la culasse; le second servant de droite se fend de la jambe droite en avant; appuie la main gauche contre la culasse, et saisit de la main droite l'anse de son côté; le second servant de gauche se fend de la jambe gauche en avant; appuie la main droite contre la culasse, et saisit de la main gauche l'anse de son côté.

Le pointeur-servant se porte au levier de pointage; le saisit des deux mains, les ongles en dessus, la main droite à l'extrémité du levier.

Le pointeur fait l'avertissement FERME,

lorsque tous les servants .sont prêts à agir.

A l'avertissement FERME, le pointeur-servant soulève la crosse ; tous mettent la pièce en batterie. Le pointeur veille à ce que la volée arrive au milieu de l'embrasure.

6. POINTEZ.

Au commandement POINTEZ, les premiers et les seconds servants reprennent leurs postes.

Le pointeur se porte à la culasse comme.il est prescrit pour le commandement CHARGEZ ; pointe la pièce à l'aide du pointeur-servant (*voir la Note sur le pointage, page* 255); se relève sur la jambe gauche, et se porte à droite ou à gauche pour observer le coup.

Le pointeur-servant rend doucement la crosse à droite ou à gauche, d'après les signes du pointeur, et, au moment où le pointeur se relève, se retire à son poste.

Le second servant de droite prend une étoupille ; engage le crochet du tire-feu dans la boucle ; se porte à la lumière ; dégorge ; amorce ; saisit le cordon du tire-feu de la main à gauche par le nœud ;

se retire à son poste en demi à gauche, en se fendant de la jambe gauche, et fait glisser la bobine dans la main droite, à 50 centimètres environ du nœud, le cordon légèrement tendu.

7. *Pièce*—FEU.

A la première partie du commandement, qui est *Pièce*, les premiers servants saisissent les masses, de la main voisine de l'épaulement ; se fendent du côté de la crosse, et se tiennent prêts à caler les roues.

A la dernière partie du commandement, qui est FEU, le second servant de droite ramène brusquement la bobine contre le nœud, en suivant la direction du cordon ; se relève et rentre à son poste.

Les premiers servants calent les roues, et reprennent leurs postes, ainsi que le pointeur et le second servant de droite.

CHANGER DE POSTES.

8. L'instructeur fait passer successivement tous les canonniers à chaque poste. A cet effet, la pièce étant en batterie, il commande :

1. PRÉPAREZ-VOUS A CHANGER DE POSTES.
2. *Canonniers à droite.*
3. (*à*) DROITE.
4. MARCHE.
5. FRONT.

Au commandement PRÉPAREZ-VOUS A CHANGER DE POSTES, les seconds servants et le pointeur placent sur la flèche les armements dont ils sont équipés.

Au commandement (*à*) DROITE, tous font un à droite.

Au commandement MARCHE, tous se portent à hauteur des postes qu'ils doivent occuper. Le premier servant de droite passe près des chevalets et derrière la flèche, pour aller remplacer le premier servant de gauche, le dos tourné à l'épaulement.

Au commandement FRONT, tous font face à la pièce et prennent les armements de leurs nouveaux postes.

CHARGE A VOLONTÉ.

9. Lorsque les canonniers ont acquis l'aplomb et l'ensemble désirables dans l'exécution de la charge par temps, l'instructeur leur fait exécuter la charge à volonté ; à cet effet, il commande : *Charge à volonté.*

1. CHARGEZ.
2. *Pièce*—FEU.

Au commandement CHARGEZ, les canonniers exécutent, de suite et sans s'arrêter, ce qui est prescrit pour les commandements : HORS DE BATTERIE. — CHARGEZ. — ÉCOUVILLONEZ. — REFOULEZ. — EN BATTERIE. — POINTEZ.

Au commandement *Pièce*—FEU, comme il est prescrit (n° 7).

CESSER LE FEU.

10. L'instructeur voulant faire cesser le feu, commande :

CESSEZ LE FEU.

Au commandement CESSEZ LE FEU, les premiers servants écouvillonnent. Le premier servant de droite reporte l'écouvillon sur les chevalets. Tous les servants remettent alors la pièce en batterie, et reprennent leurs postes.

11. L'instructeur voulant faire déséquiper les canonniers, commande :

DÉSÉQUIPEZ-VOUS.

Au commandement DÉSÉQUIPEZ-VOUS, le pointeur retire la Hausse latérale, la replace dans sa gaîne, met la pièce hors d'eau en levant suffisamment la vis de pointage; va prendre le chapiteau, et le pose sur la lumière; il reçoit ensuite le sac à étoupilles du deuxième servant de droite, le sac à charges du deuxième servant de gauche, et les suspend au bouton de culasse, ainsi que le sac à étoupilles dont il est équipé.

Tous reprennent leurs postes.

L'instructeur fait alors reprendre les mousquetons aux servants à pied.

SORTIR DE BATTERIE.

12. L'instructeur voulant faire sortir de batterie, commande :

1. *Pour sortir de batterie—canonniers à gauche et à droite.*
2. (*à*) GAUCHE, (*à*) DROITE.
3. *Peloton, derrière votre pièce.*
4. MARCHE.

Au commandement (*à*) GAUCHE, (*à*) DROITE, la file de droite fait un à gauche, la file de gauche fait un à droite.

Au commandement MARCHE, la file de droite marche droit devant elle; la file de gauche oblique pour la rejoindre. Lorsque le pointeur est arrivé à quatre pas en arrière de la queue de la plate-forme, il tourne à droite sans commandement, s'arrête à hauteur de la roue gauche, et fait face à la pièce par un à droite. Les autres servants exécutent successivement le même mouvement.

L'instructeur emmène le peloton comme il est prescrit (à l'Instruction à pied).

ARTICLE II.

Formation du détachement pour le service de plusieurs bouches à feu réunies.

Entrer en batterie.

Sortir de batterie.

FORMATION DU DÉTACHEMENT POUR LE SERVICE DE PLUSIEURS BOUCHES A FEU RÉUNIES.

13. Lorsque plusieurs bouches à feu doivent être servies sous un même commandement, les pelotons de canonniers étant formés et en bataille, le détachement est partagé en divisions d'un certain nombre de pièces (autant que possible de la même espèce). Chaque division est commandée par un lieutenant; chaque pièce, par un sous-officier.

Les lieutenants se placent à deux pas en avant du centre de leurs divisions ; les sous-officiers, à la droite du peloton de leur pièce, au premier rang.

Le détachement est mis en marche par le flanc droit. Le commandant de la manœuvre le dirige parallèlement à l'épaulement, à 10 mètres en arrière de la queue des plates-formes. Les chefs de pièce marchent à un pas à gauche et à hauteur des premiers servants ; les lieutenants, à deux pas à gauche et à hauteur du centre de leurs divisions, excepté le premier, qui marche à un pas à gauche et à hauteur du chef de la première pièce.

ENTRER EN BATTERIE.

ENTRER EN BATTERIE PAR LA DROITE.

14. La tête du détachement étant arrivée à 20 mètres environ de la droite de la batterie, le commandant de la manœuvre commande :

1. *Pelotons, à hauteur de vos pièces*—SUR LA DROITE EN BATAILLE.
2. *A droite*—ALIGNEMENT.
3. FIXE.

A mesure que chaque peloton arrive à 4 mètres de sa pièce, le chef de pièce commande :

1. *Sur la droite en bataille.*
2. MARCHE.
3. HALTE.

Ce qui s'exécute comme il est prescrit (Instruction à pied, n° 132).

Chaque peloton est formé en bataille à 4 mètres en arrière de la queue de la plate-forme, son centre sur le prolongement de l'axe. Les chefs de pièce se placent à la droite de leurs pelotons; les lieutenants, à un pas en avant du centre de leurs divisions.

Quand le détachement est aligné, le commandant de la manœuvre commande FIXE.

ENTRER EN BATTERIE PAR LA GAUCHE.

15. La tête du détachement étant arrivée à 4 mètres environ de la gauche de la batterie, le commandant de la manœuvre commande :

1. PELOTONS, A HAUTEUR DE VOS PIÈCES.
2. *A gauche*—ALIGNEMENT.
3. FIXE.

A mesure que chaque peloton arrive à la position qu'il doit occuper, le chef de pièce commande :

1. *Colonne.*
2. HALTE.
3. FRONT.

Ce qui s'exécute comme il est prescrit (Instruction à pied, nᵒˢ 120, 121).

Les chefs de pièce se placent à la droite de leurs pelotons: les lieutenants, à un pas en avant du centre de leurs divisions.

Quand le détachement est aligné, le commandant de la manœuvre commande FIXE.

16. Le commandant de la manœuvre voulant faire mettre les canonniers à leurs postes, commande :

1. *Canonniers à droite.*
2. (à) DROITE.
3. *Par file à gauche à vos postes.*
4. MARCHE.
5. FRONT.

Ce qui s'exécute comme il est prescrit (nᵒ 4).

Les lieutenants s'arrêtent au centre de leurs divisions, à deux pas en arrière des plates-formes; les chefs de pièce, à gauche et à un pas en arrière de la plate-forme de leur pièce, face à l'épaulement;

les canonniers, à droite et à gauche de leurs pièces, à hauteur des postes qu'ils doivent occuper (n° 4).

SORTIR DE BATTERIE.

17. Le commandant de la manœuvre voulant faire sortir de batterie, commande :

1. *Pour sortir de batterie—canonniers à gauche et à droite.*
2. *(à)* GAUCHE, *(à)* DROITE.
3. *Pelotons, derrière vos pièces.*
4. MARCHE.
5. *A droite*—ALIGNEMENT.
6. FIXE.

Les quatre premiers commandements s'exécutent comme il est prescrit (n° 12).

Les lieutenants et les chefs de pièce se placent comme il est prescrit (n° 14).

Le commandant de la manœuvre emmène le détachement, par la droite ou par la gauche de la batterie, comme il est prescrit (n°s 87 et 88).

18. Pendant la manœuvre, et dans tous les mouvements qui viennent d'être décrits, les lieutenants commandant les divisions n'ont que des fonctions de pure surveillance. Il ne s'agit pas, en effet, du service d'une batterie proprement dite ; on veut seulement exercer

un détachement avec autant de pièces qu'il peut en servir.

Les officiers seuls ont le sabre à la main. Ils peuvent se porter partout où ils jugent leur présence nécessaire. Les sous-officiers ne quittent leurs postes que pour exercer la surveillance qui leur est recommandée, ou pour rectifier l'action d'un servant n'ayant pas compris l'avertissement qui doit d'abord lui être donné.

19. Lorsqu'il existe des rateliers d'armes en arrière des batteries, les canonniers y placent leurs mousquetons à l'avertissement du commandant de la manœuvre. Les pelotons se reforment immédiatement en bataille, ainsi qu'il est prescrit, pour entrer en batterie.

20. A la fin de la manœuvre, les pelotons étant formés derrière les plates-formes, les canonniers vont reprendre leurs mousquetons à l'avertissement du commandant de la manœuvre, et se reforment immédiatement en bataille, ainsi qu'il est prescrit, pour sortir de batterie.

21. Le signal auquel les pourvoyeurs doivent se porter au dépôt des munitions, est fait par le second servant de gauche de la pièce de gauche.

22. Quand le vent vient de la droite, le feu commence par la gauche, et réciproquement.

23. A l'avertissement du commandant de

la manœuvre : *le feu commencera par la gauche (ou par la droite)*, les lieutenants, les sous-officiers et les pointeurs se portent à droite ou à gauche pour observer les coups, afin d'être à même de rectifier le pointage. Si le commandant de la manœuvre va lui-même observer les coups, il désigne un officier pour surveiller la batterie pendant son absence.

24. Le feu s'exécute au commandement (TELLE) PIÈCE—FEU.

Dans le commandement (TELLE) PIÈCE—FEU, chaque bouche à feu est désignée par son numéro. La série des numéros va de la droite à la gauche.

25. Les officiers et les sous-officiers veillent avec la plus grande attention à ce que les hommes exécutent tous les commandements en silence, avec ordre, ensemble et précision, sans tourner les yeux du côté d'où vient la voix, et à ce que l'exécution de chaque commandement soit suivie d'une immobilité parfaite.

26. Les officiers et les sous-officiers vérifient le pointage et le font rectifier, lorsque cela est nécessaire.

NOTE SUR LE POINTAGE.

(Voir, pour les considérations générales, la
Note sur le pointage du canon de 4, rayé,
de campagne.)

I. Le canon de 12, rayé, de siége, est
muni d'une Hausse latérale ; il est, en
outre, pourvu de l'ancienne Hausse médiane du canon de 12, appelée aussi
Hausse fixe, et qui peut servir, à l'aide de
sa graduation en millimètres, dans le tir
aux distances rapprochées, pour lesquelles la dérivation, peu sensible, peut être
négligée.

II. La charge employée dans le tir du
canon de 12, rayé, de siége, est de
1^k,200. Elle correspond à une portée de
but en blanc de 275 mètres.

III. Hausse latérale. — La Hausse latérale est inclinée dans son canal de 2?25 à gauche de la verticale. Elle porte un croisillon à coulisse, au moyen duquel la dérivation peut être corrigée, non-seulement pour la charge de $1^k,200$, mais encore pour les charges plus-faibles, comme il sera dit plus loin; (n° IX). Avec la charge de $1^k,200$, le croisillon doit être fixé à 0.

IV. Les hausses ont été calculées une fois pour toutes, pour la charge de $1^k,200$, et sont marquées sur la tige de la Hausse avec indication de la distance correspondante.

Ainsi, pour pointer à 500 mètres, avec la charge de $1^k,200$, il faut fixer le croisillon à 0; mettre le curseur de la Hausse à la division qui porte le nombre 500; engager la Hausse dans son canal en tournant vers soi les divisions qui indiquent les distances, et la mettre à fond, en appuyant, sans à-coup, avec le pouce de la main droite sur le curseur, jusqu'à ce qu'il touche l'épaulement.

Table des hausses mesurées sur la Hausse latérale. (Tir à obus.)

DISTANCES	HAUSSES	DISTANCES	HAUSSES	DISTANCES	HAUSSES
mètres.	millim.	mètres.	millim.	mètres.	millim.
100	4	1,200	60	2,300	141
200	8	1,300	66	2,400	150
300	12	1,400	73	2,500	159
400	17	1,500	79	2,600	168
500	21	1,600	86	2,700	179
600	26	1,700	93	2,800	190
700	31	1,800	100	2,900	201
800	37	1,900	107	3,000	212
900	43	2,000	115	3,100	224
1,000	49	2,100	123	3,200	236
1,100	54	2,200	132		

V. La table ci-dessus donne les distances en mètres, et les hausses en millimètres pour la charge de 1ᵏ,200.

VI. Le tir parallèle au sol donne de très bons résultats sur un terrain uni, ferme et horizontal. On dispose la pièce convenablement pour ce genre de tir en pointant à cent mètres environ de la bouche par les crans de mire de la culasse et du bourlet. Avec la charge de 1ᵏ,200, le premier point de chute de l'obus est à 200 mètres environ. Le projectile fournit 6 à 7 bonds qui le portent jusqu'à la distance de 2000 mètres environ.

17

Avec la charge de 1ᵏ,200, l'obus donne des ricochets sur un terrain ferme et uni, quoique non horizontal, lorsque l'angle de tir est inférieur à 11°. Il cesse d'en donner à cette limite, qui correspond à une portée de 2300 mètres et à l'angle de chute de 16°.

VII. La dérivation, pour la charge de 1ᵏ,200, est (en nombre ronds) :

à   500 mètres . . . . de   1ᵐ,00.
à 1,000   — . . . . de   4ᵐ,00.
à 2,000   — . . . . de   20ᵐ,00.
à 3,000   — . . . . de   56ᵐ,00.

VIII. HAUSSE MÉDIANE. — A défaut de la Hausse latérale et pour les distances entre 300 et 1000 mètres, on peut se servir de la Hausse médiane.

La table ci-contre donne les hausses à employer avec la Hausse médiane.

Table des hausses mesurées sur la Hausse médiane. (Tir à obus.)

DISTANCES	HAUSSES
mètres.	millim.
300	3
400	13
500	24
600	36
700	49
800	63
900	77
1,000	92

IX. L'inclinaison constante 2,25 de la Hausse latérale sur le plan de tir, corrige la dérivation, lorsque la charge est elle-même constante, soit de 1^k,200. Il peut arriver qu'on ait besoin de réduire cette charge pour obtenir des feux plongeants. La charge diminuant, la dérivation augmente, et si l'on continuait de pointer comme on l'a expliqué (n° IV), le coup porterait nécessairement à droite. Il y a donc dans ce cas une correction à faire. Le croisillon à coulisse sert à cet usage.

Lorsque des expériences suffisantes auront permis de former des tables, on y donnera la hausse et la position du croisillon pour chaque charge. En attendant, quand les circonstances permettent d'observer suffisamment le tir, il y a un moyen pratique de trouver la correction de la dérivation pour une charge déterminée.

On pointe d'abord avec le croisillon fixé à 0 ; on remarque le point touché, qui est à droite du but. On pointe de nouveau et de la même manière sur le but ; puis on fait glisser le croisillon à gauche, dans sa coulisse, jusqu'à ce qu'on aperçoive le point touché. On serre alors la vis de pression du croisillon, pour le fixer à la position où on l'a amené, et on pointe avec la nouvelle ligne de mire sur l'objet à battre. La dérivation est corrigée, et la Hausse est convenablement disposée pour les coups suivants, tant que la charge ne varie pas.

X. On possède déjà quelques données sur le tir plongeant du canon de 12, rayé, de siége. Voici pour la distance de 500 mètres, la relation entre les angles de tir, les hausses, etc.

Angles de tir. 8°   12°   16°   20°
Hausses correspondantes   133mm   188mm   259mm   »
Charges. .   250gr   180gr   160gr   135gr
Dérivations à
droite. . . .   6m50   11m50   14m0   18m0

La charge et la dérivation, avec le même angle de tir, augmentent proportionnellement à la distance. Ces deux quantités étant connues, on procède pour le pointage de la manière suivante :

On donne la direction en pointant à droite, de la quantité voulue, avec la ligne de mire naturelle parallèle à l'axe de la pièce (Note sur le pointage du canon de 4, rayé, de campagne). On place le curseur de la Hausse latérale à la division convenable pour obtenir l'angle de tir voulu; on fait alors varier l'inclinaison de la pièce, et la position du croisillon, dans sa coulisse sans changer la direction de la pièce, jusqu'à ce qu'on aperçoive le but à battre. Puis, on fixe le croisillon à la position où on l'a amené. La Hausse se trouve ainsi disposée pour tous les coups que l'on aura à tirer à la même distance et avec la même charge.

CANON MONTÉ SUR UN AFFUT

De Place et Côte.

—

Cinq hommes, un pointeur et quatre servants, sont nécessaires pour le service d'un canon monté sur un affût de place et côte.

Les armements nécessaires sont les suivants :

Quatre leviers. — Deux de chaque côté de l'affût, le petit bout portant sur l'essieu et appuyé contre le flasque.

Un écouvillon et un refouloir. — Sur deux chevalets à droite de la pièce, l'écouvillon en-dessus, la brosse de l'un et la tête de l'autre du côté opposé à l'épaulement.

Un gargoussier. — Debout contre l'épaulement.

Un dégorgeoir; deux sacs à étoupilles; un doigtier; une Hausse dans son étui. — Suspendus au bouton de culasse.

Un boute-feu. — Fiché dans le sabot derrière le deuxième servant de droite.

Outre ces armements, la batterie devra être approvisionnée de :

Boulets et bouchons. — Les boulets placés en pile,

à gauche de la pièce, contre l'épaulement et immédiatement à côté de la plate-forme ; les bouchons entre l'épaulement et la pile de boulets.

Deux masses. — A droite et à gauche, contre l'épaulement, à un pas en dehors de l'alignement des roues.

Un chapiteau. — Couvrant la lumière.

Un balai. — Placé à gauche entre la masse et les boulets.

1. Les canonniers étant à leurs postes, placés comme au canon de siége, l'instructeur leur indiquera :

Le petit châssis. — Son plateau circulaire.

Le grand châssis. — Les côtés ; la poutrelle directrice ; la bride de manœuvre ; les roulettes.

L'affût. — Les montants ; les arcs-boutants des montants ; l'entretoise des montants ; l'entretoise du milieu ; l'entretoise de crosse ; le support de pointage ; les tenons de manœuvre ; les anneaux de manœuvre ; le corps d'essieu.

Les roues. — Les cercles de roues ; les moyeux.

Les coins d'arrêt.

2. Les canonniers étant à leurs postes, l'instructeur leur désignera :

L'épaulement ou coffre de la batterie.

Le revêtement.

L'embrasure.

La plate-forme.

Le heurtoir.

Les leviers, dont le gros bout s'appelle pince.

L'écouvillon. — Sa brosse.

Le refouloir. — Sa tête.

Les chevalets : le plus voisin de l'épaulement se nomme chevalet intérieur ; l'autre, chevalet extérieur.

Les coins d'arrêt.
Le gargoussier.
Le dégorgeoir.
La hausse.
Le chapiteau.

3. L'instructeur préviendra les servants que les parties principales de la pièce de siége et de son affût ont les mêmes noms que les parties correspondantes de la pièce et de l'affût de bataille.

4. Pour faire prendre les armements, l'instructeur commandera :

Equipez-vous.

Le pointeur se porte au bouton de culasse, s'équipe d'un sac à étoupilles et du dégorgeoir comme aux pièces de bataille ; donne le deuxième sac à étoupilles au deuxième servant de droite ; enlève le chapiteau, le pose contre l'épaulement à côté et en-dehors du gargoussier ; baisse la vis de pointage, si la pièce est hors d'eau, et rentre à son poste.

Les seconds servants se portent entre le flasque et la roue, prennent les leviers, les passent successivement aux premiers et aux troisièmes servants, en gardent chacun un, et reprennent leurs postes.

Tous les servants, posant la pince sur la plate-forme, du côté opposé à l'épaulement et à 6 pouces en avant de leur alignement, tiennent les leviers des deux mains, celle placée vers le petit bout à hauteur du teton, les ongles en dessus, le coude touchant le corps, et l'autre main les ongles en dessous, le bras allongé naturellement.

5. L'instructeur fait ensuite exécuter la manœuvre aux commandements suivants :

1. *Hors de batterie.*

6. Tournant le dos à l'épaulement, les premiers servants embarrent dans les rais, près du cercle et perpendiculairement à l'affût.

Les seconds sous les arcs-boutants de montants.

A l'avertissement *ferme*, fait par le pointeur lorsque tous sont prêts à agir, ils font effort, et reculent la pièce pour amener la bouche à 18 pouces de l'épaulement.

Les premiers servants débarrent, calent les moyeux, et reprennent leur première position.

Les seconds servants, cessant d'agir, restent embarrés.

2. *Chargez.*

7. Le premier servant de droite va prendre l'écouvillon, et se place, ainsi que le premier de gauche, entre la tête du châssis et l'épaulement (1).

(1) Pour que les premiers servants puissent charger la pièce avec facilité sans manier sur le grand châssis, il convient d'établir une petite banquette, d'en-

Le pointeur monte sur la poutrelle directrice pour disposer convenablement la pièce; il est aidé par le second servant de gauche qui embarre sous le premier renfort, en plaçant son levier sur le support de pointage.

A un signal qu'il fait avec les deux mains, les seconds servants débarrent et reprennent leurs postes; le pointeur bouche alors la lumière de la main gauche.

Les premiers servants, fixant les yeux sur la lumière, introduisent l'écouvillon dans l'âme, l'enfoncent jusqu'au fond, et portent leur main libre à la hampe.

Les premiers servants placent leurs mains comme il a été dit pour les pièces de bataille.

Le second servant de gauche pose son levier debout contre l'épaulement, près du gargoussier; qu'il prend de la main droite, et se porte à la queue de la plate-forme. Au signal de l'instructeur, il va chercher la poudre, revient, face à la pièce, à 18 pouces en arrière du premier servant de gauche, et prend un bouchon de la main gauche.

3. *Écouvillonnez.*

8. Les premiers servants écouvillonnent

viron un pied de hauteur, entre le plateau circulaire et l'épaulement; sans cela, il leur serait impossible d'introduire le boulet dans le tir à boulets rouges : la petite banquette étant moins élevée que le dessous du grand châssis, n'en gênera pas les mouvements.

comme au canon de bataille, et retirent l'écouvillon ; le premier de droite le reporte sur les chevalets, prend le refouloir, comme il a précédemment pris l'écouvillon, et le porte dans l'embrasure.

Le second servant de gauche passe le gargoussier sous le bras gauche, en retire la gargousse, la remet au premier servant, lui donne ensuite le bouchon, et pose le gargoussier à sa place.

Le premier servant de gauche reçoit, par sa droite, la gargousse, puis le bouchon, et les introduit dans l'âme à mesure qu'ils lui sont remis ; il saisit ensuite le refouloir pour aider le premier servant de droite à enfoncer la charge, comme ils ont enfoncé l'écouvillon.

Le premier servant de gauche reçoit la gargousse dans les deux mains, le culot à droite ; il la soutient avec la main droite et l'introduit dans l'âme de la main gauche.

4. *Refoulez*.

9. Étendant le bras de toute sa longueur, les premiers servants refoulent un coup ; ils retirent ensuite le refouloir et le posent dans l'embrasure, le premier de droite continuant à tenir la hampe.

Le second servant de gauche prend un bouchon de la main gauche, puis un boulet des deux mains, les donne au premier de gauche, et rentre à son poste en reprenant son levier.

Le premier servant de gauche reçoit le boulet et le bouchon comme il a reçu la poudre, les introduit dans l'âme, puis il aide le premier de droite à les enfoncer, à refouler et à retirer le refouloir ; le premier servant de droite reporte le refouloir, il replace l'écouvillon en dessus, et rentre à son poste après avoir repris son levier, ainsi que le premier de gauche, qui auparavant balaie la plate-forme.

5. *En batterie.*

10. Les premiers servants décalent les moyeux et embarrent dans les rais, contre le cercle, en appuyant la pince de leurs leviers sous les tenons de manœuvre.

Il pourra quelquefois être nécessaire de faire embarrer les seconds servants sous les arcs-boutants, comme pour mettre hors de batterie.

A l'avertissement *ferme*, fait par le pointeur, ils font effort pour mettre la pièce en batterie.

6. *Pointez.*

11. Les premiers servants débarrent ; celui de gauche vient embarrer sous le premier renfort ; le premier servant de droite et le second de gauche embarrent sous les boulons de roulettes.

Le pointeur monte sur la poutrelle directrice pour pointer la pièce, puis il dégorge, descend de dessus le châssis et se porte à droite ou à gauche pour observer le coup.

Le second servant de droite va poser son levier contre l'épaulement. Il prend une étoupille ; engage le crochet du tire-feu dans la boucle ; se porte à la lumière ; dégorge ; amorce ; saisit le cordon du tire-feu de la main gauche par le nœud ; se retire à son poste en demi à gauche, en se fendant de la jambe gauche, et fait glisser la bobine dans la main droite, à 50 centimètres environ du nœud, le cordon légèrement tendu.

7. *Pièce*—Feu.

A la première partie du commandement qui est *Pièce,* les premiers servants saisissent les coins d'arrêt de la main voisine de l'épaulement, se fendent du côté de la crosse, et se tiennent prêts à caler les roues.

A la dernière partie du commandement, qui est Feu, le second servant de droite ramène brusquement la bobine contre le nœud, en suivant la direction du cordon, se relève et rentre à son poste.

Les premiers servants calent les roues et reprennent leurs postes ainsi que le pointeur et le second servant de gauche.

La nécessité dans laquelle sont les pièces qui arment les batteries de côte de tirer souvent sur un but mobile, apporte dans la manœuvre de ces bouches à feu les changements suivants : Tout restant comme il est dit pour les cinq premiers commandements, le septième et le huitième sont supprimés, et réunis au sixième, qui s'exécute ainsi qu'il suit :

12. Les premiers servants débarrent, celui de gauche vient embarrer sous le premier renfort ; le premier servant de droite et le second de gauche embarrent sous les boulons des roulettes.

Le second servant de droite pose son levier contre l'épaulement, prend une étoupille, en redresse la boucle, y engage le crochet, et la passe au pointeur. Ce dernier, qui est monté sur la poutrelle directrice, dégorge, amorce, pointe et sautant à bas du châssis commande FEU.

Tous les servants débarrent et reprennent leurs postes ; le second de droite met le feu.

Le coup parti, les premiers servants calent les moyeux ; le second de droite reprend son levier.

13. Pour faire cesser la manœuvre, l'instructeur commandera :

1. *En batterie.*

Comme au cinquième commandement (9).

2. *La pièce hors d'eau.*

14. Le pointeur monte sur la poutrelle

directrice, et met la pièce hors d'eau, à l'aide du premier servant de gauche, qui embarre sous le premier renfort.

15. L'instructeur commande ensuite :

3. *Déséquipez-vous.*

16. Le pointeur va prendre le chapiteau, le pose sur la lumière, suspend au bouton de culasse les armements dont il est équipé, et rentre à son poste.

Les seconds servants placent leurs leviers appuyés contre le flasque et l'essieu ; ils reçoivent ceux des premiers servants, les placent de la même manière, et rentrent à leurs postes.

17. Lorsque l'instructeur voudra faire changer de postes, il fera les mêmes commandements qu'aux pièces de bataille ; et chacun plaçant ses armements devant soi, se portera à son nouveau poste de la manière prescrite, excepté le premier servant du côté sur lequel s'opère le changement, qui, tournant en-dehors et passant derrière la flèche, ira remplacer le premier servant du côté opposé.

18. Pour faire sortir de batterie, l'instructeur commandera :

1. *Pour sortir de batterie, par le flanc gauche et par le flanc droit.*
2. *(A) gauche.—(A) droite.*
3. *Marche.*

Le premier commandement sert d'avertissement.

19. Au deuxième commandement, la file de droite fait *à gauche*, celle de gauche fait *à droite*.

20. Au troisième commandement, les deux files partent ensemble au pas accéléré, en obliquant pour se rapprocher l'une de l'autre, et lorsque les premiers servants ont dépassé de quatre pas la queue de la plate-forme, l'instructeur commande :

> *Peloton—halte.*
> *Front.*
> *Par le flanc droit, (à) droite.*

Et enfin, suivant qu'on veut faire sortir par la droite ou par la gauche de la batterie :

> *Par file à droite* (ou) *par file à gauche.*
> *Marche.*

NOTE SUR LE TIR A BOULETS ROUGES.

Le tir à boulets rouges a pour objet de lancer, sur un but susceptible de s'enflammer, des boulets chauffés jusqu'au *rouge-cerise*; cette manière de tirer nécessite plusieurs modifications dans la manœuvre et dans l'approvisionnement des bouches à feu.

Les gargousses dont on se sert doivent être faites avec du carton très mince ou du parchemin : dans ce dernier cas, les coutures sont recouvertes d'un enduit pour empêcher les gargousses de tamiser (1).

On écouvillonne soigneusement avec l'écouvillon toujours humecté, et l'on passe fréquemment le tire-bourre dans la pièce.

Pour que le boulet descende de lui-même sur la charge, on dispose la pièce de manière que la bouche soit un peu plus élevée que la culasse. On conduit avec ménagement la gargousse au fond de l'âme pour ne pas la crever ; on place par-dessus un bouchon de foin sec et on refoule un coup ; on introduit ensuite dans la pièce un bouchon de terre glaise et on refoule deux coups (2).

(1) On se sert aussi de gargousses ordinaires, en en employant deux. Après avoir fermé la gargousse qui contient la poudre, on l'introduit, par le côté opposé au culot, dans la seconde gargousse.

(2) Les bouchons de terre glaise doivent être cylindriques et avoir une longueur égale au calibre de la pièce.

Les bouchons en terre glaise peuvent être remplacés par des bouchons de foin qu'on a laissés quinze minutes dans l'eau et qu'on fait ensuite égoutter.

Lorsqu'on se sert de foin mouillé, on voit presque aussitôt que le boulet a été enfoncé, de la vapeur sor-

On dégorge et on place l'étoupille.

Les seconds servants vont au fourneau, tenant chacun de la main gauche un manche de la cuiller, reçoivent le boulet du canonnier chargé du service du fourneau, et reviennent par la gauche de la pièce ; ils marchent l'un derrière l'autre, le second servant de droite en avant, et vont se placer parallèlement à l'épaulement, le second servant de droite à la droite du premier de gauche et face à la pièce (1).

tir par la lumière ; mais on ne doit en concevoir aucune inquiétude, cette vapeur n'étant que l'effet de la chaleur du boulet sur l'eau contenue dans le bouchon. On peut même laisser refroidir le boulet dans la pièce sans que l'inflammation de la poudre puisse en résulter ; cependant il convient de tirer le plus promptement possible pour éviter que la vapeur détériore la poudre.

(1) Sur plusieurs points importants des côtes, on a établi des fourneaux à réverbères pour rougir les boulets ; mais en général on n'a d'autres moyens de les chauffer que le gril destiné à cet usage. La manière la plus avantageuse de s'en servir consiste à faire en terre une excavation d'un pied de profondeur et de la largeur du gril, se terminant sans talus sur les côtés et en arrière, et restant ouverte par-devant. Sur l'aire qui forme le fond de cette excavation, on dispose en quinconce plusieurs briques ou pierres plates, qu'on enfonce en terre de manière qu'elles aient une saillie de 4 à 5 pouces. On place le gril, et on le couronne de cinq arceaux, surbaissés en fer plat, quatre de 8 à 9 pouces de flèche, le cinquième de 6 à 7 pouces seulement, trois s'appuyant sur les

Le second servant de droite passe au premier de droite le manche de la cuiller qu'il tenait.

Le second servant de droite saisit de la main droite le manche de la cuiller près de la virole ; et, l'abandonnant de la main gauche, le présente au premier de droite par-dessous la volée, et retourne à son poste.

extrémités des traverses du gril (le moins-élevé par derrière), et deux reposant, à distance égale des traverses, sur deux pierres, qui elles-mêmes s'appuient sur les barreaux latéraux. Cette carcasse, d'abord recouverte d'un lit de gazon, et ensuite chargée d'une couche de 15 à 18 pouces de terre ; on ferme la partie postérieure du fourneau par un mur de gazon, en ménageant, en arrière du dernier arceau, une cheminée de 6 pouces en carré ; un gazon épais est placé près de l'orifice de la cheminée, et on s'en sert comme *registre* pour faire varier le tirage du fourneau, lequel doit être réglé de telle manière que jamais la flamme ne sorte par la porte. On dispose les boulets sur le gril, laissant libre, en avant, à peu près le quart de sa longueur ; sur cette partie vide et sous le devant du gril on place du bois coupé en morceaux de 12 à 15 pouces de longueur et de 2 à 3 pouces de diamètre.

En appliquant ainsi à une construction temporaire tous les principes du fourneau à réverbère, on obtient un petit fourneau qui donne des boulets rouges après une heure de chauffage et qui peut fournir à l'approvisionnement de trois pièces. Les boulets s'échaufferaient avec plus de promptitude encore, si l'on ajoutait à l'appareil qui vient d'être décrit une porte en tôle pour former la partie cintrée de la *chauffe*.

Le second servant de gauche remet en même temps l'autre manche au premier de son côté.

Le boulet introduit, le second servant de gauche reçoit la cuiller des mains du premier, la place debout contre l'épaulement, et remet au même premier servant un second bouchon de terre glaise qu'il place sur le boulet (1).

On refoule, on met en batterie, on pointe et on met le feu.

Le service du fourneau se fait par un homme étranger à la manœuvre de la pièce; il entretient le feu en mettant le bois nécessaire, dont il active la combustion en l'agitant souvent avec le tisonnier.

Lorsqu'il faut tirer un boulet rouge du fourneau, le servant fait usage du crochet pour l'amener vers la bouche de la chauffe; il le saisit ensuite avec les *tenailles* et le place dans la *cuiller à deux manches*. Quand le boulet à prendre se trouve en arrière de plusieurs autres, on fait d'abord passer ceux-ci sur le devant des *coulisses latérales*, et on tire ensuite celui qu'on a choisi, ayant soin de le remplacer toujours par un boulet pris sur le côté, et ce dernier par un boulet froid.

(1) Le bouchon de terre glaise qu'on met sur le boulet doit être moitié seulement de celui qu'on a placé sur la poudre.

MORTIER DE 32 OU DE 27 CENTIMÈTRES.

Il faut cinq hommes, un pointeur et quatre servants, pour le service d'un mortier de 32 ou de 27 centimètres.

Les armements nécessaires sont les suivants, et doivent être disposés comme il suit :

Quatre leviers. — Deux de chaque côté, placés sur les boulons, le petit bout vers l'épaulement.

Un écouvillon, un refouloir. — Montés sur la même hampe et placés sur deux chevalets à droite du mortier, le refouloir du côté de l'épaulement.

Un quart de cercle; un double crochet. — Au pied de l'épaulement, à gauche du mortier.

Un sac à charges. — A l'anse du mortier.

Une paire de manchettes; un dégorgeoir; deux sacs à étoupilles. — Dans le sac à charges.

Un fil à plomb; deux fiches en fer; une curette; un sac à terre; une spatule; une seconde paire de manchettes; — Dans un panier, contre l'épaulement, à hauteur du premier servant de gauche.

Deux coins de mire. — Sur l'affût.

Outre ces armements, la batterie doit être approvisionnée :

De bombes, placées en arrière ;

D'éclisses, placées en arrière ;

D'un tampon, fermant la bouche du mortier ;

D'un balai, contre l'épaulement, à hauteur du premier servant de gauche.

1. Les canonniers sont placés à dix-huit pouces en-dehors de la tête des boulons ; les premiers servants à hauteur des boulons de la tête ; les seconds à hauteur de ceux de la queue, et le pointeur à trois pieds du second de gauche.

2. Avant de commencer la manœuvre, l'instructeur donnera la nomenclature suivante, et indiquera de la main les approvisionnements qui n'ont pas encore été présentés aux canonniers.

Mortier. — L'âme. — La chambre : suivant sa forme, les mortiers sont appelés mortiers à chambre cylindrique ou mortiers à la Gomer ; la volée, le renfort.

Affût. — Les flasques ; leurs entailles ; la tête de l'affût ; la queue de l'affût ; les boulons de manœuvre ; le coussinet.

Approvisionnements. — La bombe ; ses anneaux ; le quart de cercle ; le fil à plomb ; les fiches ; l'S ou double crochet ; le tampon.

3. Pour faire prendre les armements et faire disposer la batterie, l'instructeur commandera :

Équipez-vous.

4. Le pointeur se porte au sac à charges et s'en équipe, il y prend les manchettes, le dégorgeoir et un sac à étoupilles, dont il s'équipe également; il met le fil à plomb dans le sac à étoupilles. Il donne l'autre sac à étoupilles au deuxième servant de droite.

Le premier servant de gauche remet à celui de droite les manchettes placées dans le panier et l'aide à les attacher.

Le pointeur enlève le tampon, le porte à gauche contre l'épaulement, revient et monte sur l'affût.

Le second servant de gauche va prendre le double crochet et le pose derrière lui.

Le premier de gauche prend les fiches, monte sur l'épaulement, et les plante dans la direction du centre de la plate-forme et de l'objet à battre, le pointeur dirigeant leur placement; ils rentrent ensuite l'un et l'autre à leurs postes; le premier de gauche et les trois autres servants prennent leurs leviers et les tiennent comme au canon.

Le premier servant de gauche prend la fiche la plus courte, et, la tenant suspendue entre le pouce et le premier doigt de la main droite, en laisse tomber le pied sur l'épaulement et la plante vers la crête intérieure; le pointeur en dirige le placement, et à cet effet, tenant le fil à plomb dans la main droite, vis-à-vis de l'œil droit, le pouce et le premier doigt de la main gauche se réunissent pour former un anneau autour du fil, afin d'empêcher qu'il s'écarte de la verticale; il le porte dans la direction de l'objet à battre, fait placer la fiche de manière que, dans toute sa longueur, elle se confonde avec le fil à plomb; visant ensuite sur la fiche déjà placée et sur le but, il fait placer la seconde en sorte qu'elle se confonde entièrement avec la première.

4 bis. On a supposé que le mortier repose sur le coussinet; quand il est renversé, les détails ci-dessus éprouvent les changements suivants :

Le pointeur, après avoir posé le tampon, revient à hauteur et à gauche de la bouche, et saisit le haut du mortier avec les deux mains, en se fendant de la jambe gauche, le dos tourné à l'épaulement.

Le premier servant de droite, prenant un levier par le petit bout, le passe en travers sous la volée; les trois autres servants se portent à ce levier, les seconds en dehors, et tous quatre face à l'épaulement.

Le pointeur fait l'avertissement *Ferme*, et tous, faisant effort, dressent le mortier.

Le pointeur fait face à l'épaulement et saisit de nouveau des deux mains le haut du mortier.

Il fait demi-tour à gauche sur la pointe du pied, en portant le pied droit en arrière.

En même temps, le premier servant de droite, retirant son levier, va le porter en travers du côté opposé de la volée; les autres servants s'y portent dans le même ordre, et, comme lui, le dos tourné à l'épaulement.

Le pointeur poussant alors et les premiers servants retenant, le mortier descend lentement sur le coussinet.

Le premier de droite et les seconds servants rentrent à leurs postes, le second de gauche allant chercher le double crochet qu'il pose derrière lui.

Le premier de gauche prend les fiches, etc.

5. L'instructeur fait ensuite exécuter la manœuvre aux commandements suivants :

    1. *En batterie.*

6. Restant face au mortier, les premiers servants embarrent sous les boulons de la tête d'affût, les seconds sous les boulons de la queue.

Tous agissent ensemble à l'avertissement *Ferme*, fait par le pointeur qui s'est porté en arrière de la queue de l'affût pour veiller à faire arriver le mortier au milieu de la plate-forme ; lorsqu'il y est parvenu, il fait un signal des deux mains, auquel les servants débarrent et reprennent, ainsi que lui, leurs postes.

    2. *Chargez.*

7. Les premiers servants posent les leviers sur les boulons ; celui de gauche prend la

curette et le sac à terre, les remet au premier de droite, à mesure qu'il en a besoin pour nettoyer le mortier, et les reporte ensuite dans le panier.

Le premier de droite va prendre l'écouvillon et revient à la bouche du mortier.

Tournant le dos à l'épaulement, le pointeur se porte à la queue de la plate-forme.

Le second servant de gauche tient son levier dans la main gauche, le petit bout en avant, prend le double crochet de la main droite et vient se placer derrière le pointeur ; au signal de l'instructeur, tous deux se portent au dépôt de munitions. Le second servant passe un des crochets de l'S dans un anneau de la bombe, engage dans l'autre crochet le milieu de son levier, et, faisant demi-tour, saisit le petit bout de la main droite, présentant la pince à l'épaulement.

Le pointeur, après avoir reçu la poudre, vient saisir le gros bout du levier, aussi de la main droite.

3. *Ecouvillonnez.*

8. Le premier servant de droite écouvillonne, retourne l'écouvillon pour amener le refouloir vers la bouche, et rentre à son poste, en le tenant dans les deux mains.

Le pointeur et le deuxième servant de gauche portent la bombe par la gauche du mortier et la posent devant la bouche ; le second, le dos à l'épaulement, continue à tenir le levier; le pointeur l'abandonne, s'établit face à la bouche, prend le sachet dans le sac à charges, le place dans la chambre avec la main droite et fait un pas en arrière.

4. *Refoulez.*

9. Le premier servant de droite se rapproche du mortier, et presse légèrement la poudre avec le refouloir; il reporte ensuite l'écouvillon sur les chevalets, et revient immédiatement saisir le gros bout du levier près du mortier.

Le second de droite, qui, à cet effet, pose son levier sur les boutons, vient au secours, et tous deux, agissant avec le deuxième de gauche, soulèvent la bombe.

Le premier de gauche prend le sac à terre, essuie la bombe, et le remet dans le panier; se portant ensuite aux leviers, il aide les trois autres servants à présenter la bombe à la bouche et à la descendre doucement dans le mortier, le pointeur dirigeant son mouvement.

Il la dispose de manière que l'œil se trouve au milieu de l'arme, et que les anneaux soient vis-à-vis des tourillons.

Les servants rentrent à leurs postes, le second de gauche posant le double crochet derrière lui, le premier de gauche après avoir balayé la plate-forme, et tous reprennent leurs leviers.

Le pointeur se porte au quart de cercle, le saisit et fait face au mortier.

9 *bis*. Lorsqu'on tire les mortiers à chambre cylindrique, la bombe doit être maintenue avec des éclisses, et cette disposition apporte les modifications suivantes dans la manœuvre :

Après avoir introduit la bombe dans le mortier, le premier servant de droite et les seconds servants rentrent à leurs postes et reprennent leurs leviers, le second de gauche posant le double crochet derrière lui.

Le pointeur reçoit du premier servant de gauche quatre éclisses et la spatule ; il place les éclisses, les affermit avec le manche de la spatule, et la rend ensuite au premier de gauche qui la remet dans le panier ; le premier servant de gauche, après avoir balayé la plate-forme, reprend son levier et rentre à son poste.

Le pointeur se porte au quart de cercle, le saisit et fait face au mortier.

Les éclisses, qui doivent être choisies d'épaisseur égale, sont placées : la première dessous, une de chaque côté, et la quatrième en-dessus de la bombe ; revenant ensuite à la première, le pointeur les affermit sucessivement.

5. *Pointez.*

10. Tournant le dos à l'épaulement, les premiers servants embarrent sous le renfort,

les seconds aux entailles de la queue de l'affût.

Le pointeur se porte au mortier, applique le quart de cercle sur la bouche pour donner les degrés, les premiers servants soulevant le mortier pour faciliter le mouvement du coin de mire ; il remet ensuite le quart de cercle à sa place.

Les premiers servants embarrent aux entailles de la tête d'affût.

Le pointeur, passant par-dessus les leviers des servants de gauche, se porte derrière le mortier et le dirige, en se servant du fil à plomb.

Tenant le fil à plomb de la main droite, vis-à-vis de l'œil droit, en sorte qu'il se confonde avec les deux fiches, puis portant l'œil sur la lumière et sur le point le plus élevé de la bouche, le pointeur fait rendre le mortier à droite ou à gauche, jusqu'à ce que ces deux points se confondent avec le fil à plomb et les fiches.

Le pointeur se porte ensuite à la lumière, dégorge de la main droite en se fendant du pied droit ; et indique, en se relevant, que tout est prêt pour mettre le feu.

A ce signal, les servants débarrent.

Le second de droite, posant son levier sur les chevalets, le gros bout du côté de la brosse de l'écouvillon, prend une étoupille, en redresse la boucle, y passe le crochet, dégorge, amorce, et se place comme au canon de 12 de siége.

Les premiers servants et le deuxième de gauche se portent à trois pas en arrière de la plate-forme, et s'y placent face à l'épaulement, le deuxième de gauche entre les deux premiers, tous conservent leurs leviers, qu'ils tiennent debout devant eux.

Le pointeur se porte à la droite ou à la gauche de la batterie pour observer la chute de la bombe.

6. *Mortier*—FEU.

11. A la dernière partie du commandement, qui est FEU, le second servant de droite ramène brusquement la bobine contre le nœud, en suivant la direction du cordon, se relève, reprend son levier et rentre à son poste ainsi que les autres servants.

12. Pour faire cesser la manœuvre, l'instructeur commandera :

1. *En batterie.*

Comme au premier commandement (6).

2. *Déséquipez-vous.*

13. Les servants posent leurs leviers sur les boulons.

Le pointeur va chercher le tampon et le place sur la bouche du mortier; il y suspend le sac à charges, dans lequel il remet les manchettes, le sac à étoupilles, le dégorgeoir et le fil à plomb.

Le premier de droite remet ses manchettes dans le panier.

Le second de gauche porte le double crochet au pied de l'épaulement.

13 *bis.* Si le mortier doit être mis *hors d'eau,* le premier servant de droite, gardant seul son levier, et les trois autres posant les leurs sur les boulons, tous se placent comme au commandement *Équipez-vous* (4 *bis*), agissent d'une manière inverse, dressent le mortier, le renversent sur l'entretoise de derrière et reprennent leurs postes, le premier de droite posant alors son levier sur les boulons.

Le pointeur va chercher le tampon, etc.

MORTIER DE 22 CENTIMÈTRES.

Trois hommes, un pointeur et deux servants, suffisent pour le service d'un mortier de 22 centimètres.

Les armements sont les mêmes que ceux indiqués pour le mortier de 32 centimètres, en retranchant deux leviers et le double crochet.

14. Les servants sont placés à hauteur des boulons de la tête d'affût, le pointeur à gauche, à hauteur du boulon de la queue.

15. L'instructeur fera prendre les armements et exécuter la manœuvre par la série ordinaire des commandements :

Equipez-vous.

16. Le pointeur et les servants s'équipent et placent les fiches comme au mortier de 32 centimètres; les servants prennent et tiennent leurs leviers aussi de la même manière (4).

16 *bis.* Si le mortier est renversé sur l'entretoise, le pointeur se plaçant à hauteur des tourillons face au mortier, saisit l'anse de la main droite et la bouche de la gauche; les servants, le dos tourné à l'épaulement, saisissent la bouche avec les deux mains; et

tous trois, faisant effort, d'abord pour dresser le mortier, ensuite pour le retenir, le font descendre sur le coussinet.

1. *En batterie.*

Comme au mortier de 32 centimètres, en ôtant les seconds servants (6).

2. *Chargez.*

17. Les servants nettoient le mortier comme celui de 32 centimètres.

Le pointeur, se portant seul au dépôt de munitions, va prendre un sachet qu'il met dans le sac à charges, et une bombe qu'il tient des deux mains.

3. *Ecouvillonnez.*

18. Le servant de droite écouvillonne.

Le pointeur porte la bombe par la gauche du mortier, la pose devant la bouche, et, s'établissant face au mortier, prend le sachet dans le sac à charges, le place dans la chambre et fait un pas en arrière.

4. *Refoulez.*

19. Le servant de droite presse légèrement la poudre et rentre à son poste.

Soulevant d'abord la bombe pour qu'elle soit essuyée par le servant de gauche, le pointeur l'introduit dans le mortier et l'y fixe avec quatre éclisses qu'il reçoit du même servant.

Le servant de gauche, après avoir balayé la plate-forme, reprend son levier et retourne à son poste.

Le pointeur se porte au quart de cercle, le saisit et fait face au mortier.

5. *Pointez.*

20. Les servants embarrent successivement sous le renfort, quand le pointeur donne l'inclinaison, et aux entailles de la queue et de la tête lorsqu'il dirige le mortier.

Le pointeur se porte à la lumière, dégorge comme au mortier de 32 centimètres, et indique que tout est prêt pour mettre le feu.

A ce signal, les servants débarrent; celui de droite, allant poser son levier sur les chevalets, prend une étoupille et amorce comme au mortier de 32 centimètres.

Le servant de gauche se retire en arrière de la plate-forme et le pointeur va observer le coup.

6. *Feu.*

Comme au mortier de 32 centimètres.

Déséquipez-vous.

Comme au mortier de 32 centimètres en ce qui concerne les premiers servants et le pointeur (13).

21. La manœuvre d'un *Pierrier* ne diffère de celle d'un mortier de 22 centimètres, que par les modifications suivantes :

Le pierrier étant nettoyé, et lorsque le servant de droite va prendre l'écouvillon, le servant de gauche accompagne le pointeur au dépôt de munitions, et l'aide à porter le panier de pierres et le plateau.

Arrivés à la bouche, le pointeur place la poudre et le plateau de bois qui doit la séparer du panier.

Les deux premiers servants enlèvent le panier; et le pointeur en dirige le placement dans le pierrier.

BATTERIE DE PLUSIEURS BOUCHES A FEU

DE SIÈGE ET DE PLACE.

22. Lorsque plusieurs bouches à feu composant une batterie devront être servies sous un même commandement, les pièces seront formées et disposées en bataille, suivant l'ordre de leurs numéros, et le commandement en sera réparti entre les officiers de la batterie, ou des batteries, dont se compose le détachement. Ces officiers seront à deux pas en avant de leurs pièces; un sous-officier,

chef de pièce, sera à la droite de chaque pièce, au premier rang.

Le détachement marchera par le flanc droit, les chefs de pièce à côté et à gauche des premiers servants, les officiers à hauteur et à gauche du centre des pièces qu'ils commandent.

23. Le commandant du détachement le dirigera de manière à ce qu'il arrive parallèlement à la batterie, et à quatre pas en arrière de la queue des plates-formes.

ENTRER PAR LA DROITE.

24. La tête du détachement étant à quatre pas environ de la première plate-forme, le commandant commandera :

Pelotons, sur la droite à vos pièces.

25. A mesure que chaque peloton arrive à hauteur de sa pièce, le chef de pièce commande :

1. *Par file à droite à vos postes.*
2. *Marche.*

Le premier commandement sert d'avertissement.

Au deuxième commandement, les canonniers se portent à leurs postes comme il a été dit. Le chef de pièce va se placer, face à l'épaulement, à deux pas en arrière au milieu de la plate-forme.

26. Lorsque tous les pelotons seront entrés en batterie, le commandant fera le commandement :

Front.

A ce commandement, tous les canonniers font face à la pièce et s'alignent sur les premiers servants.

ENTRER PAR LA GAUCHE.

27. La tête du détachement étant à hauteur de la pièce de gauche, le commandant de la batterie fera le commandement :

Pelotons à vos pièces.

28. Chaque chef de pièce conduit son peloton à hauteur de sa pièce, et commande, en y arrivant :

1. *Par file à gauche, à vos postes.*
2. *Marche.*

Le commandant commandera :

Front.

quand tous les pelotons seront entrés en batterie.

Lorsque les canonniers entreront dans la batterie armés de leurs mousquetons, on les leur fera placer, debout contre l'épaulement à droite et à gauche de la pièce, suivant la position des servants auxquels ils appartiennent.

29. Les canonniers étant à leurs postes, et les officiers et sous-officiers aux places marquées pour chacun d'eux dans la batterie, l'officier qui la commande fera exécuter la manœuvre par la série des commandements ordinaires.

Les officiers auront le sabre à la main pendant toute la durée de l'exercice, les sous-officiers ne l'y mettront jamais; les premiers pourront se porter partout où leur présence leur paraîtra nécessaire; les chefs de pièces ne quitteront leurs postes que lorsqu'ils devront le faire pour exercer quelque partie de la surveillance qui leur est recommandée, et pour rectifier la position ou l'action d'un servant qui n'aurait pas compris l'avertissement que d'abord il lui aurait donné.

30. La nécessité de présenter, dans une batterie d'école, des mouvements réguliers et uniformes, apporte les modifications suivantes dans l'exécution des commandements :

31. A la fin du commandement *Chargez,* le signal auquel les pourvoyeurs doivent se porter au dépôt de munitions sera fait par le second servant de la pièce de gauche, pour les canons et les obusiers, et par le pointeur de gauche, dans les batteries de mortiers.

32. Tous les commandements, jusques et compris celui *Pointez,* sont communs à toutes les bouches à feu de la batterie ; mais celui de *Feu* sera fait successivement, en désignant chaque pièce par son numéro, et commen-

çant par la droite ou la gauche, suivant la direction du vent.

Le vent venant de la droite, le feu commence par la gauche, et réciproquement.

33. A la fin du commandement *Pointez*, les officiers et les chefs de pièce accompagneront les pointeurs pour observer les coups, afin de diriger les rectifications auxquelles leur direction peut donner lieu.

Lorsque le commandant de la batterie jugera à propos d'aller observer lui-même les coups, il en préviendra les chefs de section, qui resteront à leurs pièces, afin que la batterie ne se trouve jamais sans surveillant.

34. Les officiers, en général, sur la batterie ou sur la portion de la batterie qu'ils commandent, et les sous-officiers, en particulier, sur les pièces auxquelles ils sont attachés, veilleront à l'entière exécution des commandements.

35. Comme pour le service des bouches à feu de campagne, ils veilleront à ce que les servants, placés aux postes qui leur sont assignés, exécutent tous leurs mouvements en silence, avec ensemble, ordre et précision; à ce que l'exécution de chaque commandement soit suivie d'une immobilité parfaite, et, de plus, à ce que les servants, en embarrant et en débarrant, ne traînent pas leurs leviers sur la plate-forme.

36. Ils observeront que les canons soient écouvillonnés à fond, et que les obusiers et mortiers soient nettoyés avec soin : aux premiers, ils veilleront à ce que la charge soit refoulée au fond de l'âme ; aux seconds, que l'œil du projectile soit disposé suivant l'axe de la bouche à feu, et que les éclisses soient régulièrement placées.

37. D'après l'ordre des officiers, les chefs de pièce vérifieront le pointage, et le rectifieront lorsqu'il y aura lieu.

38. Pendant la durée de la manœuvre, l'officier qui la commande fera changer de postes, dans chaque pièce, par les commandements et les moyens précédemment indiqués.

39. Lorsque les canonniers seront parfaitement instruits à servir les bouches à feu, d'après les commandements qui en divisent l'exécution, on devra les faire manœuvrer sans suivre cette division : à cet effet, le commandant de la batterie, ayant prévenu qu'*on chargera à volonté*, commandera seulement :

1. *Chargez.*
2. *Feu.*

40. Au premier commandement, les canonniers exécutent, de suite et sans interruption, les divers mouvements compris dans

les cinq premiers commandements de la manœuvre.

41. Le deuxième s'exécute ainsi qu'il est prescrit dans l'exercice des bouches à feu auxquelles il se rapporte.

42. La manœuvre recommence de la même manière, et on la fait cesser par les commandements indiqués.

43. Pour faire sortir de batterie, le commandant fera les commandements :

    1. Pour sortir de batterie, par le flanc droit et par le flanc gauche.

    2. (A) droite, (à) gauche.

    3. Marche.

Le premier commandement sert d'avertissement.

44. Au deuxième commandement, la file de gauche fait à droite, celle de droite fait à gauche.

45. Au troisième commandement, les deux files partent ensemble, au pas accéléré, en obliquant pour se rapprocher l'une de l'autre, et lorsque les premiers servants ont dépassé de quatre pas la queue des plates-formes, le commandant commande :

Pelotons—Halte.
Par un à droite—front.
Par le flanc droit (à) droite.

Et enfin, suivant qu'on veut faire sortir

par la droite ou par la gauche de la batterie :

Par file à droite, ou *par file à gauche.*
Marche.

46. Si l'on doit sortir par la droite, le chef de la première pièce commande, aussitôt que sa pièce est placée dans la direction indiquée :

Marquez le pas.
Marche.

Les autres chefs de pièce font les mêmes commandements, lorsque leurs pelotons ont serré sur le premier.

Le commandant de la batterie fait ensuite le commandement :

En avant.

au moment où la dernière pièce rejoint celle qui la précède.

47. Si c'est par la gauche qu'on doit sortir, le premier peloton, après avoir changé de direction à gauche, se dirige entre la queue des plates-formes et les autres pelotons ; et ceux-ci entrent successivement dans la colonne au commandement *En avant,* fait par chaque chef de pièce dès que le peloton qui doit précéder celui qu'il commande l'a dépassé.

LOI

SUR LE RECRUTEMENT DE L'ARMÉE

ET L'ORGANISATION

DE LA GARDE NATIONALE MOBILE

PROMULGUÉE LE 1er FÉVRIER 1868.

TITRE PREMIER.

Du Recrutement de l'Armée.

Les articles 4, 13, 15, 30, 33 et 36 de la loi du 21 mars 1832 sont modifiés ainsi qu'il suit :

Art. 4. Le tableau de la répartition entre les départements du nombre d'hommes à fournir en vertu de la loi annuelle du contingent pour les troupes de terre et de mer sera annexé à ladite loi.

Les premiers numéros sortis au tirage au sort déterminé par l'article suivant formeront le contingent des troupes de mer.

Le mode de cette répartition sera fixé par la même loi.

Art. 13. Seront exemptés et remplacés, dans l'ordre des numéros subséquents, les jeunes gens que leur numéro désignera pour faire partie du contingent, et qui se trouveront dans un des cas suivants, savoir :

1. Ceux qui n'auront pas la taille d'un mètre cinquante-cinq centimètres ;

2. Ceux que leurs infirmités rendront impropres au service ;

3. L'aîné d'orphelins de père et mère ;

4. Le fils unique ou l'aîné des fils, ou, à défaut de fils ou de gendre, le petit-fils unique ou l'aîné des petits-fils d'une femme actuellement veuve, ou d'un père aveugle ou entré dans sa soixante-dixième année ;

Dans les cas prévus par les paragraphes ci-dessus notés 3 et 4, le frère puîné jouira de l'exemption si le frère aîné est aveugle ou atteint de toute autre infirmité incurable qui le rende impotent ;

5. Le plus âgé de deux frères appelés à faire partie du même tirage et désignés tous deux par le sort, si le plus jeune est reconnu propre au service ;

6. Celui dont un frère sera sous les drapeaux à tout autre titre que pour remplacement ;

7. Celui dont un frère sera mort en activité de service, ou aura été réformé ou admis à la retraite pour blessures reçues dans un service commandé, ou infirmités contractées dans les armées de terre ou de mer.

L'exemption accordée conformément, soit au n° 6, soit au n° 7 ci-dessus, ne sera appliquée qu'à un seul frère pour un même cas, mais elle se répètera dans la même famille autant de fois que les mêmes droits s'y reproduiront.

Seront néanmoins comptées, en déduction desdites exemptions, les exemptions déjà accordées aux frères vivants en vertu des n°ˢ 1, 2, 4 et 5 du présent article.

Le jeune homme omis qui ne se sera pas présenté par lui ou ses ayants-cause pour concourir au tirage de la classe à laquelle il appartenait, ne pourra réclamer le bénéfice des exemptions indiquées par les n°ˢ 3, 4, 5, 6 et 7 du présent article si les causes de ses exemptions ne sont survenues que postérieurement à la clôture des listes du contingent de sa classe.

Les causes d'exemptions prévues par les articles 3, 4, 5, 6 et 7 ci-dessus devront, pour produire leur effet, exister au jour où le conseil de révision est appelé à statuer.

Celles qui surviendront entre la décision du conseil de révision et le 1er juillet, point de départ de la durée du service de chaque contingent, ne modifieront pas la position légale des jeunes gens désignés pour en faire définitivement partie.

Néanmoins l'appelé qui, postérieurement soit à la décision du conseil de révision, soit au 1er juillet, deviendra l'aîné d'orphelins de père et de mère, le fils unique ou l'aîné des fils, ou, à défaut du fils ou du gendre, le petit-fils ou l'aîné des petits-fils d'une femme veuve ou d'un père aveugle, sera, sur sa demande et pour le temps qu'il a encore à servir, assimilé aux militaires de la réserve, et ne pourra plus être rappelé qu'en temps de guerre.

ART. 15. Les opérations du recrutement seront revues, les réclamations auxquelles ces opérations auraient pu donner lieu seront entendues, et les causes d'exemptions et de déduction seront jugées, en séance publique, par un conseil de révision composé :

Du préfet, président, ou, à son défaut, du secrétaire général ou du conseiller de préfecture délégué par le préfet ;

D'un conseiller de préfecture ;

D'un membre du conseil général du département ;

D'un membre du conseil d'arrondissement, tous trois à la désignation du préfet;

D'un officier général ou supérieur, délégué par l'Empereur.

Un membre de l'intendance militaire assistera aux opérations du conseil de révision; il sera entendu toutes les fois qu'il le demandera, et pourra faire consigner ses observations aux registres des délibérations.

Le conseil de révision se transportera dans les divers cantons; toutefois, suivant les localités, le préfet pourra réunir dans le même lieu plusieurs cantons pour les opérations du conseil.

Le sous-préfet, ou le fonctionnaire par lequel il aurait été suppléé pour les opérations du tirage, assistera aux séances que le conseil de révision tiendra dans l'étendue de son arrondissement.

Il y aura voix consultative.

Art. 30. La durée du service pour les jeunes soldats faisant partie des deux portions du contingent mentionnés dans l'article précédent (29 de la loi de 1832), est de cinq ans, à l'expiration desquels ils passent dans la réserve, où ils servent quatre ans, en demeurant affectés, suivant leur service antérieur, soit à l'armée de terre, soit à l'armée de mer.

La durée du service compte du 1er juillet de l'année du tirage au sort.

Les militaires de la réserve ne peuvent être rappelés à l'activité qu'en temps de guerre, par décret de l'Empereur, après épuisement complet des classes précédentes, et par classe, en commençant par la moins ancienne.

Ce rappel pourra être fait d'une manière distincte et indépendante pour la réserve de l'armée de terre et pour celle de l'armée de mer.

Les militaires de la réserve peuvent se marier sans autorisation dans les trois dernières années de leur service dans la réserve. Cette faculté est suspendue par l'effet du décret de rappel à l'activité.

Les hommes mariés de la réserve restent soumis à toutes les obligations du service militaire.

Le 30 juin de chaque année, en temps de paix, les soldats qui auront achevé leur temps de service dans la réserve recevront leur congé définitif.

Ils le recevront en temps de guerre immédiatement après l'arrivée au corps du contingent destiné à les remplacer.

Lorsqu'il y aura lieu d'accorder des congés illimités, ils seront délivrés, dans chaque corps, aux militaires les plus anciens de service effectif sous les drapeaux, et de préférence à ceux qui les demanderont.

Les hommes laissés ou envoyés en congé pourront être soumis à des revues et à des exercices périodiques qui seront fixés par le Ministre de la guerre.

Art. 33. La durée de l'engagement volontaire sera de deux ans au moins.

L'engagement volontaire ne donnera lieu à l'exemption prononcée par le numéro 6 de l'article 13 ci-dessus qu'autant qu'il aura été contracté pour une durée de neuf ans.

Dans aucun cas les engagés volontaires ne pourront être envoyés en congé sans leur consentement.

Art. 36. Les rengagements pourront être reçus même pour deux ans, et ne pourront excéder la durée de cinq ans.

Les rengagements ne pourront être reçus que pendant le cours de la dernière année de service sous les drapeaux, ou de l'année qui précédera l'époque de la libération définitive.

Après cinq ans de service sous les drapeaux ils donneront droit à une haute paye.

Les autres conditions seront déterminées par des décrets insérés au Bulletin des Lois.

ART. 2.

Les titres II, III et V de la loi du 26 avril 1855 relative à la dotation de l'armée, et les lois des 24 juillet 1860 et 4 juin 1864 sont abrogés.

Les substitutions d'hommes sur la liste cantonale et le remplacement sont autorisés conformément aux articles 17, 18, 19, 20, 21, 22, 23, 24, 28 et 29 de la loi du 21 mars 1832, lesquels seront remis en vigueur.

Est également remis en vigueur le titre III de la même loi, sauf les modifications apportées aux articles 33 et 36 par l'article Ier de la présente loi. (Voir pages 245 à 250.)

TITRE II.

De la Garde Nationale mobile.

SECTION PREMIÈRE.

De sa composition. — De son objet. — De la durée du service.

ART. 3.

Une garde nationale mobile sera constituée à l'effet de concourir comme auxiliaire de l'armée active, à la défense des places fortes, des côtes et des frontières de l'Empire, et au maintien de l'ordre dans l'intérieur.

Elle ne peut être rappelée à l'activité que par une loi spéciale.

Toutefois, les bataillons qui la composent peuvent être réunis au chef-lieu ou sur un point quelconque de leur département par un décret de l'Empereur dans les vingt jours précédant la présentation de la loi de mise en activité.

Dans ce cas, le Ministre de la guerre pourvoit au logement et à la nourriture des officiers, sous-officiers, caporaux et soldats.

ART. 4.

La garde nationale mobile se compose :

1° Des jeunes gens des classes des années 1867 et suivantes qui n'ont pas été compris dans le contingent en raison de leur numéro de tirage.

2° De ceux des mêmes classes auxquels il a été fait application des cas d'exemption prévus par les numéros 3, 4, 5, 6 et 7 de l'article 13 de la loi du 21 mars 1832 ;

3° De ceux des mêmes classes qui se seront fait remplacer dans l'armée.

Peuvent également être admis dans la garde nationale mobile ceux qui, libérés du service militaire ou de la garde nationale mobile, demandent à en faire partie.

Les substitutions sont autorisées dans la famille jusqu'au sixième degré inclusivement ; le substitué doit être âgé de moins de quarante ans et remplir les autres conditions prévues par la loi de 1832.

Les conseils de révision exemptent du service de la garde nationale mobile les jeunes gens compris sous les paragraphes 1 et 2 de l'article 13 de la loi de 1832.

Les conseils de révision dispensent du service dans la garde nationale mobile :

1° Ceux auxquels leurs fonctions confèrent le droit de requérir la force publique ;

2° Les ouvriers des établissements de la marine impériale et ceux des arsenaux et manufactures d'armes de l'Etat dont les services ouvrent des droits à la pension de retraite;

3° Les préposés du service actif des douanes et des contributions indirectes;

4° Les facteurs de la poste aux lettres;

5° Les mécaniciens de locomotives sur les chemins de fer.

Les conseils de révision dispensent également les jeunes gens se trouvant dans l'un des cas de dispense prévu par l'article 14 de la loi de 1832, par l'article 79 de la loi du 15 mars 1850, et par l'article 18 de la loi du 10 avril 1867 ; les jeunes gens qui auront contracté avant le tirage au sort l'engagement de rester dix ans dans l'enseignement primaire, et qui seront attachés soit en qualité d'instituteur ou en qualité d'instituteur adjoint, à une école libre existant depuis au moins deux ans, ayant au moins trente élèves.

La dispense ne peut s'appliquer aux instituteurs ou aux instituteurs adjoints d'une même école que dans la proportion d'une par chaque fraction de trente élèves.

Les conseils de révision dispenseront également, à titre de soutien de famille, et jusqu'à concurrence de 10 p. 0/0, ceux qui auront le plus de titres à la dispense.

Sont exclus de la garde nationale mobile

les individus désignés aux numéros 1 et 2 de l'art. 2 de la loi du 21 mars 1832.

ART. 5.

La durée du service dans la garde nationale mobile est de cinq ans.

Elle compte du 1er juillet de l'année du tirage au sort.

ART. 6.

Les jeunes gens de la garde nationale mobile continuent à jouir de tous les droits du citoyen ; ils peuvent contracter mariage sans autorisation, à quelque période que ce soit de leur service ; ils peuvent librement changer de domicile ou de residence ; ils peuvent voyager en France ou à l'étranger sans que le manquement aux exercices ou aux réunions résultant de cette absence puisse devenir contre eux le motif d'une poursuite.

Tout garde national mobile peut être admis comme remplaçant dans l'armée active ou dans la réserve, s'il remplit les conditions des articles 19, 20 et 21 de la loi du 21 mars 1832. Dans ce cas, le remplacé est tenu de s'habiller et de s'équiper à ses frais comme garde national mobile.

ART. 7.

En cas d'appel à l'activité ou de réunion des bataillons de la garde nationale mobile, conformément à l'article 3 de la présente loi, le conseil de révision, réuni au chef-lieu de département ou d'arrondissement, dispensera du service d'activité, à titre de soutien de famille, et jusqu'à concurrence de 4 p. 0/0, ceux qui auront le plus de titres à cette dispense.

Pourront se faire remplacer par un Français âgé de moins de quarante ans et remplissant les autres conditions exigées par les articles 19, 20, 21 de la loi du 21 mars 1832, ceux qui se trouvent dans l'un des cas d'exemption prévus par les numéros 3, 4, 5, 6 et 7 de l'article 13 de ladite loi.

Le conseil de révision statuera sur les demandes de remplacement et sur l'admission des remplaçants.

SECTION II.

De l'organisation de la garde nationale mobile. — De son instruction. — Des peines disciplinaires.

ART. 8.

La garde nationale mobile est organisée par départements, en bataillons, compagnies et batteries.

Les officiers sont nommés par l'Empereur, et les sous-officiers et caporaux par l'autorité militaire.

Ils ne reçoivent de traitement que si la garde mobile est appelée à l'activité.

Sont seuls exceptés de cette disposition l'officier chargé spécialement de l'administration et les officiers et sous-officiers instructeurs.

ART. 9.

Les jeunes gens de la garde nationale mobile sont soumis, à moins d'absence légitime :

1° A des exercices qui ont lieu dans le canton de la résidence ou du domicile;

2° A des réunions par compagnie ou par bataillon qui ont lieu dans la circonscription de la compagnie ou du bataillon.

Chaque exercice ou réunion ne peut donner lieu, pour les jeunes gens qui y sont appelés, à un déplacement de plus d'une journée.

Ces exercices ou réunions ne peuvent se répéter plus de quinze fois par année.

Toute absence dont les causes ne seront pas reconnues légitimes sera constatée par l'officier ou le sous-officier de la compagnie, qui devra faire viser son rapport par le maire de la commune, lequel donnera son avis.

Après trois constatations faites dans l'espace d'un an, le garde national mobile peut être poursuivi conformément à l'article 833 de la loi du 13 juin 1851, devant le tribunal correctionnel, lequel, après vérification des causes d'absence, le condamne, s'il y a lieu, aux peines édictées par ledit article.

Sont exemptés des exercices ceux qui justifient d'une connaissance suffisante du maniement des armes et de l'école du soldat.

ART. 10.

Pendant la durée des exercices et des réunions, la garde nationale mobile est soumise à la discipline réglée par les articles 113, 114 et 116 de la section II du titre IV de la loi du 13 juin 1851, sur la garde nationale, ainsi que par les articles 5, 81 et 83 de ladite loi.

Les peines énoncées à l'article 113 sont applicables, selon la gravité des cas, aux fautes énumérées aux articles 73, 74 et 76 de la section Ire du titre IV.

La privation du grade est encourue dans les cas prévus aux articles 75 et 79 ; elle est prononcée :

Pour les officiers par l'empereur, sur un rapport du ministère de la guerre.

Pour les sous-officiers, caporaux ou brigadiers par l'autorité militaire.

Les officiers, sous-officiers, caporaux ou brigadiers employés à l'administration ou à l'instruction sont soumis à la discipline militaire pendant la durée de leurs fonctions.

—

SECTION III.

De la mise en activité.

Art. 11.

A dater de la promulgation de la loi de mise en activité de la garde nationale mobile, les officiers, sous-officiers, caporaux et gardes nationaux qui la composent sont soumis à la discipline et aux lois militaires. Ils supportent les charges et jouissent des avantages attachés à la situation des soldats, caporaux, sous-officiers et officiers de l'armée.

Art. 12.

Sont abrogées toutes les dispositions contraires à la présente loi, et spécialement le titre VI de la loi du 21 mars 1831.

—

SECTION IV.

Dispositions transitoires relatives au titre I.

Art. 13.

Les jeunes gens compris dans le contingent de la classe de 1867 jouiront simultanément du droit de se faire remplacer ou exonérer.

Le nombre des exonérations ne pourra dépasser le nombre des rengagements et des engagements après libération qui auront été contractés avant le 1er avril 1868.

Le nombre des exonérations sera réparti par canton, par arrêté du ministre de la guerre, proportionnellement à celui des exonérations prononcées en 1867 dans le même canton.

Les exonérations sont prononcées suivant l'ordre des numéros des tirages, en commençant par les derniers.

Dispositions transitoires relatives au titre II.

Art. 14.

Font partie de la garde nationale mobile à partir de la promulgation de la présente loi, sauf les exemptions prévues par l'article 4 de la présente loi, les hommes célibataires ou veufs sans enfants des classes de 1866, 1865, 1864, qui ont été libérés par les conseils de révision.

Ceux de la classe de 1866 y serviront 4 ans;
Ceux de la classe de 1865 y serviront 3 ans;
Ceux de la classe de 1864 y serviront 2 ans;
L'engagement de rester dix ans dans l'enseignement, prévu par les lois de 1832, 1850 et 1867, pourra être pris au moment où il sera procédé à la formation de la garde mobile, en vertu des dispositions transitoires ci-dessus.

Art. 15.

Le maire, assisté des quatre conseillers municipaux les premiers inscrits sur le tableau, dresse l'état de recensement des jeunes gens de sa commune qui doivent faire partie de la garde mobile conformément à l'article précédent.

A Paris et à Lyon, cet état est dressé par le préfet ou son délégué, assisté de trois membres du conseil municipal et du maire de chaque arrondissement pour le recensement de cet arrondissement.

ART. 16.

Un conseil de révision par arrondissement juge, en séance publique, les causes d'exemption, qui ne peuvent être que celles prévues par les numéros 1 et 2 de l'article 13 de la loi de 1832, et le cas de dispense prévu par l'article 14 de la même loi et par les articles 79 de la loi du 15 mars 1850 et 18 de la loi du 10 avril 1867.

Toutefois ce conseil de révision peut exempter comme soutiens de famille, jusqu'à concurrence de dix pour cent, ceux qui auront plus de titres à l'exemption.

Le conseil est présidé :

Au chef-lieu du département,

Par le préfet ou le secrétaire général, ou par le conseiller de préfecture délégué par le préfet.

Au chef-lieu des autres arrondissements,

Par le sous-préfet.

Il comprend en outre :

Un membre du conseil général,

Un membre du conseil d'arrondissement,

Un officier désigné par le général commandant le département.

En cas de partage, la voix du président est prépondérante.

Un médecin militaire est attaché au conseil de révision.

Ce conseil se transporte successivement dans les différents chefs-lieux et cantons de l'arrondissement.

Toutefois, selon les localités, le président peut réunir pour les opérations du conseil les jeunes gens appartenant à plusieurs cantons.

ART. 17.

La réunion des listes arrêtées par les conseils de révision des arrondissements forme la liste du contingent départemental.

Les jeunes gens faisant partie de ce contingent sont inscrits sur les registres matricules de la garde nationale du département, et répartis en compagnies et en bataillons d'infanterie et en batterie d'artillerie.

LOI

du 18 août 1870.

ART. 1. — La publication de la loi du 18 août 1870, qui incorpore dans la garde nationale mobile les jeunes gens des classes de 1865 et 1866, célibataires et veufs sans enfants, et admet les anciens militaires mariés ou veufs avec enfants à remplacer les citoyens appelés sous les drapeaux par la loi du 10 août 1870, sera faite conformément aux ordonnances des 27 novembre 1816 et 18 janvier 1817.

LOI

du 27 août 1870.

ART. 1. — Les bataillons de garde nationale mobile peuvent être appelés à faire partie de l'armée active pendant la durée de la guerre actuelle.

Art. 2. — Sont considérés comme faisant partie de la garde nationale les citoyens qui se portent spontanément à la défense du territoire avec l'arme dont ils peuvent disposer et en portant un des signes distinctifs de cette garde qui les couvre de la garantie reconnue aux corps militaires constitués.

Art. 3. — Les anciens officiers, sous-officiers et caporaux peuvent être admis à servir activement pendant la durée de la guerre dans les grades dont ils étaient titulaires.

Art. 4. — Le crédit de 25 millions destiné à venir en aide aux femmes, enfants ou ascendants des citoyens qui combattent pour la défense du pays est porté à 50 millions.

Art. 5. — Les lois sur les pensions militaires sont applicables aux gardes nationaux mobiles et sédentaires blessés au service du pays, ainsi qu'aux veuves et aux enfants de ceux qui seraient morts dans des circonstances de guerre.

Art. 6. — La présente loi sera exécutoire à dater du jour de sa promulgation.

CIRCULAIRE

Du ministre de l'intérieur adressée aux préfets des départements sur la réorganisation des gardes nationales sédentaires.

Paris, le 13 août 1870.

Monsieur le préfet, la loi du 10 août sur les gardes nationales sédentaires doit recevoir une exécution immédiate. Sauf des dispositions transitoires, elle remet en vigueur la loi du 13 juin 1851.

Je me bornerai à vous indiquer ici les principales mesures dont l'application vous est confiée.

§ Ier. — *Composition de la garde nationale sédentaire.* — La garde nationale comprend à la fois le service ordinaire et la réserve.

Dans le service ordinaire sont compris les hommes âgés de 21 ans révolus, ayant depuis un an leur domicile dans la commune.

La réserve comprend les hommes qui ont moins de 21 ans, ou moins d'une année de domicile, ceux pour lesquels le service habituel serait une charge trop onéreuse, et certaines catégories d'agents préposés à des services actifs déterminés par l'art. 14 de la loi de 1851.

La présente instruction traitera seulement du service ordinaire.

§ 2. — *Inscriptions des gardes nationaux.* — L'inscription sur les contrôles de la garde nationale, la répartition des gardes nationaux entre les services ordinaires et la réserve, leur classement entre les compagnies et l'appréciation des causes de dispense sont faits par les conseils de recensement. (Art. 20.)

§ 3. — *Conseil de recensement.* — Dans chaque commune, le nombre des membres de ces conseils est égal à celui des conseils municipaux. Ils sont choisis, moitié sur la désignation et dans le sein du conseil municipal, moitié par le sous-préfet parmi les citoyens aptes au service ordinaire. La présidence appartient au maire. (Art. 21.)

§ 4. — *Formation des corps.* — Dans les circonstances actuelles, l'essentiel est de procéder rapidement. Il suffira donc de former des compagnies ou des bataillons. L'organisation en légions pourra être ajournée. S'il y a lieu, les compagnies communales seront réunies en bataillons cantonnaux (1).

En les formant, les conseils de recensement devront se préoccuper surtout du choix des citoyens qui y seront appelés. Ce qu'il faut avant tout, c'est de réunir des hommes solides, prêts à la résistance et habitués au tir et au maniement des armes. Les anciens militaires devront être préférés. (Art. 3, § 2 de la loi du 10 août 1870.)

§ 5. — *De l'élection aux grades.* — Aux termes de la loi du 2 août courant, les officiers sont nommés à l'élection. Ils ne peuvent être choisis que parmi d'anciens militaires. Cependant, en vertu d'une disposition transitoire, les corps dès à présent existants conserveront leur organisation et leurs officiers actuels.

L'élection a lieu par tous les gardes natio-

---

(1) Consulter, au besoin, le décret du 6 octobre 1851 sur l'organisation des corps de gardes nationales et la composition de leurs cadres.

naux portés sur les contrôles, sous la présidence du maire, assisté de deux membres du conseil de recensement. Les chefs de bataillon et le porte-drapeau sont élus par tous les officiers du bataillon et par un nombre égal de délégués nommés dans chaque compagnie.

L'élection des officiers, sous-officiers et caporaux de compagnies n'est valable qu'autant que le tiers au moins des gardes nationaux inscrits y a pris part. L'élection des capitaines a lieu successivement pour chaque emploi au scrutin individuel et secret et à la majorité absolue des suffrages. S'il y a dans les compagnies plusieurs lieutenants et sous-lieutenants, ils sont élus au scrutin de liste.

Les sergents-majors et les fourriers sont élus sur bulletin individuel; les sergents et caporaux sur bulletin de liste.

Dans tous les cas, l'élection a lieu à la majorité relative.

Les chirurgiens, aides-majors et autres officiers de santé sont, comme les majors et adjudants-majors, nommés par décret. Vu l'urgence, vous les nommerez provisoirement, sauf ratification. (Section V de la loi de 1831.)

§ 6. — *Uniforme.* — L'uniforme devra être conçu de la manière la plus simple. Le plus souvent une blouse avec signes distinctifs aux parements et au collet suffira.

§ 7. — *Règlement du service ordinaire.* — Les règlements du service ordinaire sont arrêtés par le maire, sur la proposition du chef de corps.

Pour les bataillons cantonaux, ils sont arrêtés par le sous-préfet, de l'avis des maires des communes et sur la proposition du commandant. (Art. 67 et 68.)

§ 8. — *Armement.* — Aux termes de l'article 3 de la loi du 10 août, la distribution des armes sera faite d'abord aux gardes nationales des départements envahis, des villes mises en état de défense et des communes des départements déclarés en état de siége par suite des nécessités de la guerre. Les anciens militaires seront les premiers armés. (Art. 3 de la loi du 10 août 1870.)

Le gouvernement prendra d'urgence des dispositions à cet effet. Je me concerte avec le ministre de la guerre pour que, sur votre demande, les directions d'artillerie mettent des armes à votre disposition, suivant les besoins du service et dans les conditions déterminées par la loi.

Mais, en attendant, il sera nécessaire que les hommes s'exercent sous la direction de militaires instructeurs, avec les armes qu'offrent les ressources du pays.

L'ensemble de ces mesures répond au patriotisme de la nation. Quand l'ennemi menace notre territoire, la France est assurée du concours de tous ses enfants.

Vous m'accuserez réception de la présente circulaire. Pour les détails, vous vous référerez aux instructions données en 1861, et dont le *Bulletin officiel* du ministère contient la collection.

Recevez, monsieur le préfet, l'assurance de ma considération très distinguée,

Le ministre de l'intérieur,

Henri CHEVREAU.

FIN.

TABLE.

FIN DE LA TABLE.

LIMOGES ET ISLE.
Typog. Eugène Ardant et Ch. Thibaut.